AF523173

Ein Zug durch Stadt und Wald

Ein Zug durch Stadt und Wald

Geschichte in Geschichten über den Biedenköpfer Grenzgang und auch über die Probleme mancher Nichtbiedenköpfer mit ihm

Von Carl Mauritz Frey von Dehrn vom Hoff

im Grenzgangsjahr 2019

und in den Coronajahren 2020/21

mit einem Bildanhang

Impressum

Copyright: Carl Mauritz Frey von Dehrn vom Hoff (Christoph Kaiser)
Jahr: 2021, 2. verbesserte Auflage

ISBN: 9789403611853

Illustrationen: Carl Mauritz Frey von Dehrn vom Hoff (Christoph Kaiser)
Covergestaltung: Carl Mauritz Frey von Dehrn vom Hoff (Christoph Kaiser)

Verlagsportal: Bookmundo.de
Gedruckt in Deutschland

Die Deutsche Nationalbibliothek verzeichnet diese Publikation in der Deutschen Nationalbibliografie.

Getragen von der Hoffnung darauf, dass Geschichte irgendwann einmal der fruchtbare Boden sein darf, in dem alle Menschen wurzeln, statt der Dreck, um sich damit gegenseitig zu bewerfen.

Ganz herzlichen Dank für ihr strahlendes Vorbild Menschen wie vielen
in meinem privaten Freundes- und Bekanntenkreis, wie
Elvis, Erla, Matthias, Natascha, Andi, Rahan,
Carola, Andy, Tibor, Sabiene, Eva, Manfred, Henrik,
Uschi, Anita, Marianne, Petra, Olaf, Elena, Leticia,
Molly, Jenny, Alex, Florian und den Owwastärra
Männer, Frauen, Burschen und Marrercha,
allen Grenzgängerinnen und Grenzgängern,
Obersten, Reitern, Führern und den
Mohren und Wettläufern der Biedenköpfer
und anderen mittelhessischen Grenzgänge;
sowie Andrew Onuegbu und Dieter Nuhr!

Lasst euch nicht unterkriegen!

Christoph Kaiser

Für mich wichtige Literatur:

Günter Bäumner

Grenzgang in Biedenkopf

Biedenkopf, 1986

Thomas Böhle

Auf Biedenkopfer Spuren

Biedenkopf 2011, Hinterländer Geschichtsverein e.V.

ISBN 978-3-00-036337-5

Elisabeth Ursula Bintinger

Theatralität des Grenzgangsfestes in Biedenkopf an der Lahn;

Diplomarbeit, Universität Wien 2014

Der Mohr und die beiden Wettläufer.

Wir grüßen
alle
Grenzgangsgäste

Anhänge

Mohr Bruno Netsch und die Wettläufer Rudolf Weigel und Volker Schneider

94

aus: Bäumer: Grenzgang in Biedenkopf

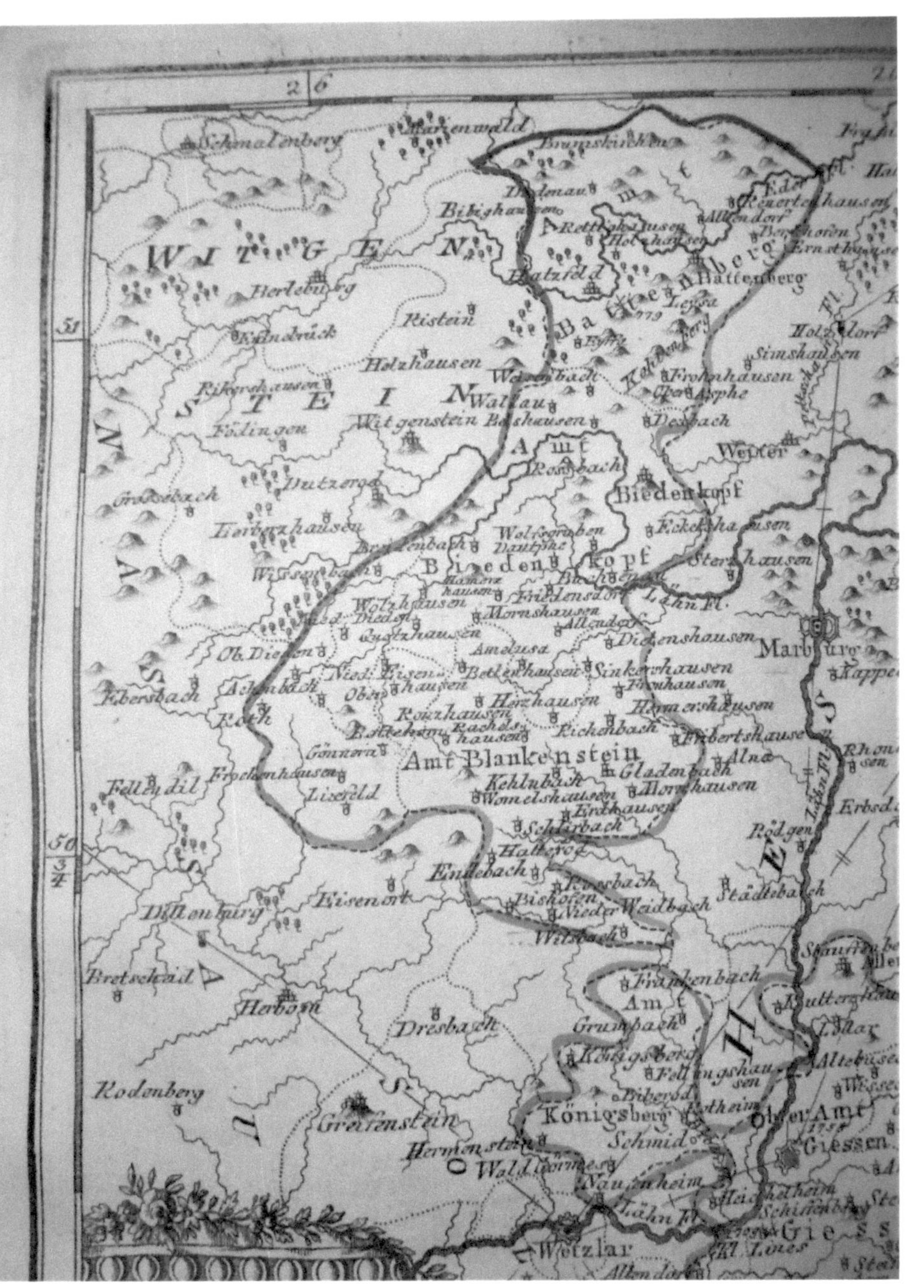
Schmalenberg
Bibighausen
Hatzfeld
Battenberg
Berleburg
Ristein
Holzhausen
Wallau
Witgenstein
Fölingen
Dutzerod
Biedenkopf
Frohnhausen
Ober Asphe
Wetter
Holzdorf
Simshausen
Eckelshausen
Sterzhausen
Lahn Fl.
Marburg
Biedenkopf
Friedensdorf
Mornshausen
Allendorf
Dieckenshausen
Amt Blankenstein
Gladenbach
Eichenbach
Weidenhausen
Kehlnbach
Womelshausen
Erdhausen
Schlirbach
Endebach
Rodgen
Eisenort
Dillenburg
Bretschaid
Herborn
Dresbach
Grumbach
Königsberg
Greifenstein
Rodenberg
Hermenstein
Waldgirmes
Nauenheim
Wetzlar
Giessen
Ober Amt
Ebersbach
Roth
Lixfeld
Städtebach
Frankenbach
Biberod
Rotheim
Schmid

aus: Ludolffi Schaubühne 1791

1576: Der große Regen

Henne Bast, der Inhaber der Obermühle in Biedenkopf an der Lahn, konnte nicht schlafen. Schon viel hatte er in seinem langen Leben von inzwischen 48 Jahren erlebt, und als älterer Mann, der er war, gedachte er, seine Lebenserfahrung als wertvoll zu betrachten. Er lag wach und hörte dem endlosen Rauschen des Regens zu, der seit Tagen ohne Unterlass auf das Land an der oberen Lahn prasselte. Regen, Regen, nichts als Regen, und das in einer Menge, als wolle der Herrgott doch noch einmal alles Leben auf Erden in einer gewaltigen Flut ertränken, trotz seines Versprechens an Noah. Dunkle Erinnerungen stiegen in Henne auf an die Erzählungen alter Leute, die in ihrer Kindheit ihrerseits von damals schon alten Leuten von der furchtbaren Flut drei Tage vor dem Tag der Hl. Maria Magdalena, also vom 19. bis zum 22. Juli, im Jahre des HERRn 1342 gehört hatten; als in ganz Deutschland an nur drei Tagen so viel Wasser vom Himmel gefallen war, wie man es nie zuvor und nie danach gehört hatte. Tausende waren gestorben; wie eine Sturzflut war das Wasser die Hänge der Berge heruntergeschossen, hatte tiefe Täler gegraben, wo am Tag zuvor noch flaches Land gewesen war, und hatte sich auch durch Biedenkopf, dann die Lahn hinunter bis in den Rhein gewälzt. Sie hatte mitgerissen, was im Wege stand; hatte Häuser, Brücken, Menschen, Vieh einfach mit sich geführt. In Köln, so hörte man, war damals das Wasser selbst über die Krone der Stadtmauer geflossen, so dass Boote über die hohen rheinseitigen Mauerkronen fahren konnten, und hatte an der tiefsten Stelle im Stadtgebiet 44 hessische Fuß[1] hoch alles bedeckt; in Mainz hatte ein Mann im Dom bis zum Gürtel in den Fluten des

1 Etwa 11 Meter

Rheins gestanden. In Würzburg hatte das Hochwasser des Mains die Säulen am oberen Ende der Greden, also der Stufen der Treppe hinauf zum Portal des Domes, erreicht; und überall an Elbe und Donau, an Rhein und Main hatte fast keine Brücke mehr gestanden. Die Wälder Deutschlands waren seit diesem Tag durchfurcht von tiefen Gräben, und spätere Wissenschaftler würden herausfinden, dass allein an diesen drei Tagen 13 Milliarden Tonnen Erdreich weggerissen worden waren, so viel wie sonst in 2000 Jahren[2]. So furchtbar, wie die Alten es von diesen grauenhaften Tagen erzählten, so musste es auch heute werden, zumindest in der Furcht Henne Basts. Er zitterte bei der Vorstellung, aber nicht nur von der feuchten Luft; ihn schüttelte es von ganz tief innen heraus. Er fürchtete sich völlig real vor einer neuen Sintflut. Oder wenigstens vor einem frühen unzeitigen und deshalb schlechten Tod; einem Tod, der fast unweigerlich in die Hölle führen musste, so wie bei allen schweren Unglücken. Und er war fest davon überzeugt, dass diese Nacht nur in einem Unglück enden könne. Wenn das so weiterging, dann würde sein Haus noch davon schwimmen, auch wenn das Hauptgebäude der Obermühle fest und stabil gebaut war und allein durch das Gewicht der Mühlsteine kaum vom Fleck zu bewegen sein durfte. Henne war dennoch mehr als zutiefst beunruhigt, und so lauschte er immer besorgter in das ewig gleiche Geräusch hinein und hoffte und wartete darauf, dass es leiser werden würde. Aber davon war nichts zu hören, eher im Gegenteil. Es war ihm, als schwelle das endlose Brausen immer mehr und mehr an.

2Hans-Rudolf Bork, Hans-Peter Piorr: *Integrierte Konzepte zum Schutz und zur dauerhaft-naturverträglichen Entwicklung mitteleuropäischer Landschaften – Chancen und Risiken, dargestellt am Beispiel des Boden- und Gewässerschutzes.* In: Karl-Heinz Erdmann, Thomas J. Mager (Hrsg.): *Innovative Ansätze zum Schutz der Natur: Visionen für die Zukunft.* Springer, 2000, ISBN 978-3-540-66667-7, S. 69–74; s. Wikipedia: Magdalenenhochwasser 1342, abgerufen am 24.05.2020

Die ganze Luft dröhnte und sang von einem einzigen Tönen. War es nicht der Klang des Regens, der auf die strohgedeckten Dächer der Unterstadt fiel, dann war es das immer stärker anschwellende Rauschen der Lahn, die hier an ihrem Oberlauf direkt durch das enge Tal floss, in dem auf einer Erhebung die Kernstadt Biedenkopfs lag. Ganz oben auf dem Berg erhob sich die alte Burg, die aber bereits nicht mehr wirklich bewohnt werden konnte; weshalb der Rentmeister Bastian Benner, der noch dort oben seinen Amtssitz hatte, immer drängender versuchte, sich auch mit seinem Amt in der Stadt festzusetzen, bevor Marburg noch auf die Idee käme, ihm doch da oben in der alten, zugigen und feuchten Burg einen Wohnsitz zuzuweisen. Zwar hatte er vor zwei Jahren selbst ersucht, dorthin ziehen zu dürfen, als in der Stadt die Pest wütete, aber damals war es ihm untersagt worden und er hatte in der Stadt ausgeharrt. Immerhin standen um die Kirche herum mehrere sehr ansehnliche Burgmannsitze aus vergangenen Zeiten, an deren Besitz zudem erfreulich hohe Einkünfte hingen und die allen möglichen Komfort der Zeit boten; ganz anders als die alte steinerne und daher kaum zu beheizende Burg. Die war ja noch im Mittelalter gebaut worden, in einer Warmzeit ohne echte Winter, aber seit etwa 1450 war es deutlich kälter geworden; spätere Zeiten würden diese Epoche die ‚kleine Eiszeit' nennen. Aber davon wusste Henne nichts und der Rentmeister auch nicht. Nur eines wussten sie wie alle zu ihren Zeiten: Es lohnte sich nicht mehr, steinreich zu sein und ein steinernes Haus zu bewohnen; nein jetzt brauchte man beheizbare Häuser aus Holz und Lehm, Fachwerk statt Stein. Und danach verlangte es auch Rentmeister Benner. Insbesondere das große Haus mit Befestigungen drum herum direkt auf der Stadtmauer oberhalb der Kirche, in dem er bisher als Dienstsitz residierte, weckte seine Begehrlichkeit, denn der Landgraf hatte es erst ein Jahr zuvor in einem Rechtstreit als Privateigentum erworben und war doch fast nie in Biedenkopf. Da wollte Rentmeister Benner gerne als Eigentümer Wohnrecht haben. Dort war er selbst in einer solchen Sturmnacht wie heute gut geschützt, hatte es sicher, regenfest und warm. Ganz anders als in der heruntergekommenen Burg auf dem Berg, ganz anders auch als im Haus von Henne an der Lahn. Rentmeister Bastian Benner würde dem Landgrafen demnächst eine Liste aller landesherrschaftlichen Besitztümer in Biedenkopf übersenden und dabei auf die Probleme bei einem eventuellen Leerstand des Hauses verweisen. Das würde schon werden. Er würde es als Lehen erhalten, da war Benner sich sicher. Wie recht er doch damit hatte.

Henne Bast hatte ganz andere Sorgen. Es hielt ihn nicht mehr im Bett. Langsam und behutsam stand er auf, ohne seine Frau Hedwig zu wecken und trat ans Fenster, das wegen des Sturmes fest mit einem Laden verschlossen war. Er zögerte. Ihn überkam Furcht. Wollte er tatsächlich das Unglück sehen, das sich da draußen vielleicht unwiderstehlich zusammenbraute? Vor seinem inneren Auge ereigneten sich ungeheuerliche Geschehnisse, er war fast starr vor Angst. Jeder noch so kleine Ton machte ihn sicherer, dass das Ende der Welt bevorstand, zumindest aber das Ende seiner selbst und seiner kleinen Familie. Würde die Lahn so anschwellen, dass das Haus unterspült werden und zusammenbrechen würde? Wagte er tatsächlich, dem vielleicht unausweichlichen Ende ins Auge zu sehen? Oder war er tatsächlich der Feigling, den so viele in ihm sahen, wohl auch seine Frau? Er warf einen Blick zurück ins Zimmer und horchte in die Dunkelheit. Durch das Rauschen hindurch klang der langsame und ruhige Atem Hedwigs. Sie schlief in aller Seelenruhe, während er fast vor Angst verging. Seine Hand griff nach dem Fensterladen und öffnete in sanft. Sein Blick fiel auf ein Bild, das er nicht erwartet hatte. Ja, es regnete, aber viel sanfter als befürchtet. Die Lahn war angeschwollen und füllte das Tal fast ganz aus, aber die Häuser hier rund um die Obermühle standen noch weit darüber auf ihrem Erdhügel, den man in Norddeutschland wohl als Warft bezeichnen würde. Ja, die Lahn umfloss den Erdhügel von allen Seiten, aber sogar die Brücke war weder weggespült noch eingestürzt, Biedenkopf war immer noch sicher erreichbar. Es drohte keine Gefahr. Es war ganz offensichtlich kein neues 1342. Hedwig hatte völlig recht gehabt, als sie ruhig schlafen gegangen war. Und als wollte der Himmel Henne Bast selbst Trost zusenden, riss in diesem Moment die Wolkendecke auf und ein wunderbarer voller und großer Mond erfüllte die ganze Nacht mit einem Glanz aus purem Silber. Fast unwirklich schön wirkte das Hochwasser, das sich vor Hennes Augen ausdehnte. Und der Regen endete langsam und fast unmerklich, wie jeder Regen vor ihm geendet hatte, solange die Welt bestand, selbst der am Magdalenentag vor 234 Jahren.

Leise zog Henne sich einen Hocker ans Fenster und sah hinaus. Er versank in dem Anblick, in der Schönheit dieser Nacht. Alle Furcht war aus seinem Herzen verschwunden. Sicher, da draußen wartete morgen viel Arbeit auf seine Leute, aber das war morgen. Morgen würde er aufräumen lassen und Dämme sichern müssen und vieles mehr, was ihm zusätzlich die Herren aus Marburg auftragen würden, das war gewiss. Heute aber war heute und jetzt war jetzt, und jetzt tauchte er ein in das Silber dieser Nacht, in den Duft frischen Regens und das sanfter werdende Rauschen der Lahn. Er war kein Feigling, er war nur feinfühlig. Er war zwar in einer wohlhabenden Familie und nicht in einer Bauernkate geboren worden, aber zu einem Studium hatte es nicht gereicht; denn dann wäre er vielleicht in diesem Moment, der puren Schönheit vor seinen Augen wegen, ein Dichter geworden.

Stunden saß Henne noch da, in den Bildern aus Silber und schwarz versinkend; und langsam färbte sich der Himmel im Osten in den ersten Wolkenlücken hellblau und dann rot. Die Sonne weckte den ersten Hahn der Obermühle; der Hahn wiederum weckte die Menschen. Und zwar früh am Morgen; jetzt im Juli ging die Sonne gegen halb vier Uhr auf. Aber schon mit dem Hahnenschrei verschwanden die hellen Flecken am Himmel, er wurde wieder grau und fast schwarz; und wenige Minuten später begann der nächste Regen, und der schien noch stärker zu sein, als die gedachte Katastrophe der Nacht.

Schon der letzte Sturzregen hatte tatsächlich Schaden angerichtet, und zwar viel. Das ganze Tal der Lahn war nicht mehr wieder zu erkennen. Auch in normalen Tagen gab es keinen festgelegten Lauf des Flusses; immer wieder änderte er sich, nahm ein neues Bett ein und es war unendlich schwer, ihm tatsächlich einen festen Platz zuzuweisen. Und nach diesem Hochwasser war wieder alles neu.

Das besondere Problem war, dass damit mehr auf dem Spiel stand als die weggespülten Schober, das verlorene Gras und die beschädigten Wege und Brücken. Wer Grundstücke in der Aue hatte, der konnte sich nicht sicher sein, dass es noch so groß war wie vor dem Regen oder überhaupt noch vorhanden; denn die Begrenzungen waren markante Linien in der Landschaft. Große alte Bäume; Felsen, die hervorragten; Grate und Kämme auf Bergen und eben auch Flussläufe und Bäche. Wer Grund auf den Bergen besaß, der war sicherer, da Felsen nicht so gerne verschwinden und Bergkämme nun mal nicht so einfach abhandenkommen; wer aber im Tal sein Land hatte, der zitterte nach jeder Flut, was ihm geblieben war.

Es gab allerdings auch Gewinner, zu deren Gunsten sich die Läufe von Gewässern änderten und ihnen großen Zusatzgewinn brachten. Und es gab die, die deshalb in jedem starken Regen durchnässt nach Hause kamen, weil sie an einer geeigneten Stelle einen Baum oder Felsen in den Bach gerollt und diesen dazu veranlasst hatten, den Lauf in eine bestimmte gewünschte Richtung zu ändern. Gelang es so, dass ein Bach von einer Talseite zur anderen wechselte, konnten ganze Grundstücke über Nacht verschwinden.

Das Grundbuch war noch nicht erfunden, und den Boden besaß, wer sich an einem bestimmten Tag des Jahres mit einem Stuhl auf das Land setzte und dort einen Tag lang unwidersprochen sitzen bleiben konnte. Er besaß ihn also wortwörtlich. Natürlich widersprachen die vormaligen Besitzer in einem solchen Fall, aber wenn die alte Grenze einfach verschwunden war, was wollte man dann machen? Es hatte schon viel Streit aus solchen Gründen gegeben, Verletzte, Fehden und sogar Tote. Aber so war es nun einmal, denn niemand konnte sich den ungeheuren Aufwand vorstellen, alle Grundstücke aufzuschreiben oder gar sie zuerst zu vermessen. Und selbst wer eine Urkunde besaß, war oft machtlos, wenn die darin beschriebene Grenzlinie sich über Nacht in Nichts aufgelöst hatte. Das war dann höhere Gewalt, Gott hatte es zugelassen. Also waren in Regennächten viele Menschen unterwegs; teils um Steine in Bäche zu rollen, andere, um sie da wieder heraus zu holen.

Der Obermüller Bast hatte gegen fünf Uhr morgens bereits mit einem Öltuch über dem Kopf trotz der Wassermassen, die da von oben auf ihn einstürzten, seinen Rundgang gemacht. Als Müller durfte er zwar kein Vieh halten, damit er nicht in Versuchung kam, von fremdem Getreide sein Vieh durchzufüttern, aber mancher Müller hielt im Verborgenen doch eine kleine Ziege, eine Kuh oder ein Schwein, die dann aber niemals aus dem Stall durften. Wie die versteckten Kinder katholischer Geistlicher, die auch sorgsam verborgen wurden und in oft elendesten Bedingungen aufwuchsen, litt dieses Vieh außerordentlich, weshalb der Volksmund wusste: „Pfarrers Kinder, Müllers Vieh geraten selten oder nie.“ Aber so einer war der Obermüller nicht. Er verdiente so gut, dass er den Metzger für bestes Fleisch gut bezahlen konnte. Er hatte seine Wiesen und Grundstücke zu höchstem Zins verpachtet und deshalb ein großes Interesse daran, dass nichts davon abhandenkam. Liefe es so weiter wie bisher, dann war er im nächsten Jahr aller Sorgen ledig. Alle seine Kinder waren gut verheiratet, drei Söhne und zwei Töchter, und nur die jüngste war noch im Haus und sollte zu St. Stefanstag, also dem 26. Dezember, heiraten. Dann waren alle unter der Haube, wie er zu sagen pflegte. Henne schmunzelte. Er stellte sich seine Söhne unter einer Frauenhaube vor, wie sie die verheirateten Frauen in den bürgerlichen Kreisen der Städte trugen. Das war Städterinnenmode, nicht die der vielen Bauersfrauen, die bei weitem die Bevölkerungsmehrheit ausmachten. Die trugen auch als Unverheiratete bereits Hauben und Stilpchen und Mutschen und Mitschen und wie die ganzen Hauben der sich langsam herausbildenden Trachten hießen. Mit der Heirat, die sich viele Bauern auch gar nicht leisten konnten, hatte das nichts zu tun.

Wie den meisten seiner Zeitgenossen war auch Henne Bast gar nicht klar, dass er da eigentlich hebräisch sprach, wenn er seine Kinder ‚unter die Haube' brachte. Juden heirateten ja nicht in der Synagoge, sondern, wenn man sie ließ und nicht bedrängte, unter freiem Himmel unter einem Hochzeitsbaldachin, der Chuppa[3]. Und die Eltern brachten als letzte Tat als elterlicher Vormund ihrer Kinder diese bis unter die Chuppa; und nur, wer freiwillig unter die Chuppa kam, der konnte auch heiraten. Die Verben ‚kommen' und ‚bringen' bewahrten unerkannt die wahre Herkunft dieser Redensart, aber das war fast völlig vergessen. Wer wollte schon wahrhaben, dass er redete wie die Juden, die nicht angesehen waren in der christlichen Mehrheitsgesellschaft, immerhin hatten sie ja den Heiland ans Kreuz geschlagen. Aber das Hebräische war allgegenwärtig im Deutschen. Wer ‚malochte', der tat Arbeit, auf Hebräisch ‚Melachah'[4]; wer ‚Knete' hatte, der hatte auf Hebräisch Besitz, ‚Kenat[5]'; wer auf seine elende ‚Mischpoche' schimpfte, der nannte sie auf Hebräisch Familie, die ‚Mischpachah'[6]. Wer Gewinn

---

3חפה

4מלאכה

5קנת

6משפחה

machte, der machte seinen ‚Reibach', er mehrte also auf Hebräisch seinen Besitz, den ‚Rebah'[7]; wer in den ‚Knast' kam, der erhielt seine ‚Knas'[8], seine Strafe; und wer jemandem ‚Hals- und Beinbruch' oder ‚Mast- und Schotbruch' wünschte, der wünschte in Wirklichkeit ‚Maszel un Broche'[9], jiddisch für Glück und Segen, oder ‚ha Zloche un Broche'[10], Erfolg und Segen; wie man sich auch zu Neujahr einen ‚guten Rutsch' wünschte, auf Jiddisch ‚a giten Rosch',[11] einen guten Anfang. Und wenn das Glück mal abhandenkam, dann war das auf Jiddisch ‚Schlimmassel'[12], schlimmes Schicksal. Und jetzt kam der Müller zu seinem Leibeigenen Jost und redet noch einmal unerkanntes Hebräisch mit ihm, denn auf Hebräisch heißt die Wache ‚schamerah'.[13]

„Das nächste Mal bei so einem Wetter schläfst du nicht, sondern du stehst Schmiere, verstanden?", schnauzte der Müller den noch völlig verschlafenen Mühlenknecht an, den er, obwohl als Wache abgestellt, tief schlafend unter dem Dach eines der halboffenen Schober fand, in denen die Bauern ihr noch nicht gemahlenes Korn unterstellen konnten, wenn sie mit Malen noch nicht an der Reihe waren, weshalb auch Bauernknechte in dieser Nacht bei den Säcken schliefen. Denn in der Mühle galt wie seit ewigen Zeiten die Regel:

---

7 רבה

8 קנס

9 מזל און ברכה

10 הצלחה און ברכה

11 א גוטען ראש

12 שלימזל

13 שמרה

„Wer zuerst kommt, mahlt zuerst!“ Jost Falz, der Knecht, wurde schlagartig hellwach, als er völlig unvermittelt von dem neuen Sturm getroffen wurde und heftig zusammenzuckte.

Henne war in Fahrt, einmal wegen des schlafenden Josts und zum anderen aus der Angst heraus, was alles geschehen sein konnte. „Du setzt dich jetzt sofort in Bewegung und gehst unsere Grundstücke ab, alle, und siehst nach, was der Sturm angerichtet hat. Und wenn du wegschwimmst: Du gehst weiter und siehst genau nach. Ich will dich hier nicht wiedersehen, bis ich von dir alles erfahre, was wichtig ist! Hast du mich verstanden?“

Jost war völlig verwirrt. „Jawohl, Herr!“, stammelte er und machte sich auf den Weg. Nach einer Viertelstunde konnte er schon nicht mehr zählen, wie oft er im Schlamm ausgerutscht war, sich die Knie blutig gefallen und fast die Hand gebrochen hatte; aber es half ja alles nichts. Er musste weiter. Und siehe da: Der Müller Bast hatte recht gehabt. Ein gutes Stück entfernt von der Mühle lagen plötzlich an einem Hang am Roßberg, noch hinter der Waldschmiede, der späteren Ludwigshütte, wie hingezaubert vier, fünf große Felsbrocken im Weg, in einer Reihe, wie Perlen an der Schnur, und lenkten gerade einen neuen Sturzbach exakt so ins Tal, dass das Wasser bereits damit begonnen hatte, größere Teile einer Wiese zu zerteilen und so ein Grundstück der Obermühle zu verkleinern. Man konnte selbst in diesem Chaos erkennen, dass ein Durchbruch in einem Felsgrat, der bisher diesen Wasserfluss verhindert hatte, für den neuen Bach von Hand in den Felsen geschlagen worden war, um beim nächsten Regen, also heute, das Wasser in seinen neuen Lauf zu lassen. In Jost keimte ein Verdacht: Dazu gehörte sicher noch ein Damm. Wäre der Zulauf des Roßbachs weiter oben an einer bestimmten Stelle unterbrochen, dann würde sich ein neuer Streitfall sehr zu Ungunsten der Obermühle verändern. Seit 1572, also gerade einmal vier Jahren, stand bei der Waldschmiede eine neue Mahlmühle, die die Verhältnisse am Lauf des Roßbaches noch komplizierter machte. Die immer mehr erweiterte Eisenhütte beanspruchte schon zunehmend Land für sich, aber die Mühle benötigte erst recht Grundstücke, um einen vom Roßbach abgehenden Mühlengraben sicher anlegen zu können. Etliche der Grundstücke hier am Unterlauf des Roßbachs aber gehörten seit Generationen der Familie Bast und waren durch Erbfälle jetzt im Besitz des Obermüllers. Dem Müller auf der Hüttenmühle und eigentlich auch dem Landgrafen von Hessen-Marburg, dem einzigen Landgrafen dieses Titels, Ludwig IV., als Eigentümer der Waldschmiede war das ein Dorn im Auge, und ein Grundstückswechsel wäre da nur zu gelegen gekommen. Aber ohne Verkaufsabsichten war da rechtlich nichts zu machen. Man lebte ja nicht mehr nach den Regeln der Wilden und Heiden, sondern längst nach seit dem Mittelalter schriftlich verbrieften Rechten und Gesetzen wie gute Christen. Aber trotz Taufe hielten sich nicht alle an das siebte Gebot: Du sollst nicht stehlen!

In Regen und Sturm bahnte Jost sich seinen Weg und richtig: Der Roßbach war mit Baumstämmen gestaut und würde sich jetzt nach deutlich weiter westlich verlagern; dahin, wo der neue Bach den Großen Kahn herunterstürzte. Zusammen würden sie vom Grundstück der Familie Bast mit viel Glück noch ein Zehntel übriglassen, der Rest würde Teil eines Grundstückes werden, das jetzt schon zur Waldschmiede, die auf Platt ‚Waldschmitte' hieß, gehörte. Das bedeutete aber, man könnte nicht einmal das vollständige Verschwinden einer Wiese anzeigen und damit vor Gericht gehen, da ja ein Rest bleiben würde. Also der Wille Gottes. Das war klug ausgedacht. Und nach der allseits bekannten Begrenzung der Wiese bliebe ja alles beim alten, sie würde weiterhin vom Roßbach und dem Großen Kahn begrenzt werden. Nur sehr viel kleiner. Jost überlegte. Wie sollte er das dem Müller Bast schonend beibringen?

Jost sah sich um, ob seine Entdeckung bereits bemerkt worden wäre. Nein, da war niemand außer ihm selbst. In diesem Unwetter würde keiner der Knechte der Hüttenmühle nachsehen kommen, ob der Plan aufging. Er war viel zu gut vorbereitet, das musste als sicher angesehen werden. Die feierten jetzt wahrscheinlich schon jeden einzelnen Regentropfen, der diesen Landraub in ihren Augen noch sicherer machen musste.

Jost kletterte so schnell es ging wieder zurück auf den Weg und rannte so schnell es irgend ging zurück zur Obermühle. Dort traf er, bereits lauthals nach dem Müller schreiend, ein und wurde von allen im Hof umringt. Solch eine Aufregung noch vor halb sieben Uhr! Und dabei hatten sich alle auf das Frühstück in einer Stunde gefreut. Henne Bast wurde bleich, als er den Bericht hörte. Er hatte Ärger mit der neuen Mühle befürchtet, aber eine solche Dreistigkeit war dann doch unfassbar. „Ich muss von einem Notar aufschreiben lassen, wie groß meine Grundstücke sind, so geht es nicht weiter! Vermessen lasse ich sie, alle! Und dann lasse ich in Urkunden vermerken, wie groß meine Wiesen sind und das hinterlege ich beim Rat! Das kann doch nicht sein, dass man vor jedem Regen Angst haben muss?"

Aber jetzt musste erst einmal unmittelbar gehandelt werden. Alle Männer der Obermühle und die kräftigeren Mägde machten sich auf und beseitigten die großen Felsbrocken, warfen Bäume und Geröll in die Bresche im Felsen und beseitigten den Damm im Roßbach. Mit großer Genugtuung sah Henne Bast dem Wasser dabei zu, wie der befreite Bach mit seinen starken Wassermassen jetzt sein altes Bett noch tiefer eingrub und ganz nebenher Basts Grundstücksgrenze dabei sogar noch ein bisschen zu Ungunsten der Hüttenmühlenwiese verschob. Nun gut, seine Knechte hatten durch Zufall ein bisschen etwas von dem Geröll und Holz, das den Roßbach hatte umlenken sollen, nicht heraus geholt, sondern nur ein ganz klein wenig in die andere Richtung verschoben; und offensichtlich hatte das bereits ausgereicht, um das Wasser in eine wieder etwas anders gelegene Richtung umzusteuern; aber das war ja nicht beweisbar. Und sein Grundstück würde sich auch nicht unverhältnismäßig viel vergrößern. Henne Bast lächelte in sich hinein. Auch so blieb es ein Gottesurteil in den Augen der Nachbarn. Und wahrscheinlich besonders in den Augen derer, die zuvor die Barrieren selbst gebaut hatten. Und am besten war: Es würde ja erst nachträglich vermessen werden.

Jetzt benötigte er nur noch den endgültigen Beweis. Die Steine waren nicht bearbeitet, und solche wie die großen lagen auf dem Hang in Massen herum; alle lose und alle jederzeit bereit, an eine andere Stelle zu rollen. Und auch die Baumstämme im Roßbach hätten mit des Teufels Hilfe genauso gut von selbst so in das Wasser geraten sein können, dass sie sich verkeilten und einen Damm bildeten. Also musste er mit Sicherheit wissen, dass es Knechte der Hüttenmühle gewesen waren, die da vorsätzlich eingegriffen hatten. Aber konnte er dabei seinen eigenen Knechten vertrauen? Er musterte die Kerle, die da abgearbeitet und triefend nass vor ihm standen. Nein, übertreiben sollte er es auch nicht mit der steten Forderung nach Loyalität; besonders jetzt nicht, da die ja alle genau wussten, dass er selbst einen Landgewinn herbeigeführt hatte. Also war es wohl sicherer, wenn er es alleine tat. Er schickte die Leute heim, um sich auszuruhen. Jost wurde belobigt und bekam vor aller Ohren den Auftrag, die Küche anzuweisen, für alle Beteiligten ein gutes Essen zuzubereiten. Das war eine eindeutige Beförderung des Knechts, der offensichtlich alleine dadurch schon wieder frisch und ausgeruht schien. Henne ärgerte sich doch. Wie sehr alleine die Aussicht auf Faulenzerei die Leute aufmuntern konnte. Aber so war die Welt nun einmal. Er schickte alle vor, sah sich noch einmal um und folgte seinen Untergebenen, um sich über Mittag auf seine Lauer zu legen. Er musste wissen, ob etwa doch Knechte der Hütte oder der Hüttenmühle nachsehen würden, ob ihr Plan erfolgreich gewesen war.

Noch vor dem Essen machte er sich auf den Weg und erreichte ungesehen eine Stelle auf dem Nordhang des Großen Kahns, von wo aus er beide fraglichen Stellen überblicken, selbst aber kaum gesehen werden konnte. Ein Dickicht aus giftigen Lebensbäumen, Eiben, stand da und beschattete den Hang ein gutes Stück weit, so dass er sich wie in einem Hinterhalt verbergen konnte. Der Regen war vorbei, der Himmel war jetzt strahlend blau und die Sonne schien gleißend herunter. Sie machte mit ihrer Helligkeit alle Schatten noch dunkler und alles in ihrem Licht noch heller. In diesem Kontrast würde er verschwinden. Und dann geschah über Stunden nichts. Absolut nichts. Dafür war er also hergekommen und hatte nichts Richtiges im Bauch. Henne war es leid. Der Wald war auch jetzt am Mittag still und dunkel und so passte er sich an. Er nahm aus seiner Tasche Fett und Ruß und mischte sich eine schwarze Paste, die er sich auf Gesicht und Hände auftrug, zog sich einen schwarz gemachten Sack über und setzte sich in den Schatten einer der größten Eiben am Rand des Wäldchens und wartete auf die Knechte der Hüttenmühle. Stundenlang wartete er und schlief beinahe ein.

Es war Abend geworden. Da plötzlich bewegte sich etwas unter den Büschen unten am Roßbach. Henne starrte ins Halbdunkel und umklammerte fest die Axt in seiner Hand. Er würde seine Wiese verteidigen bis zum Letzten, falls es nötig sein würde.

Das Rascheln kam näher. Näher. Immer näher. Langsam schied sich das Dunkel der frühen Nacht vom Dunkel der Silhouette eines Mannes. Millimeterweise hob Henne die Axt; bemüht, auch mit keinem der Zweige über seinem Kopf ein Geräusch zu machen. Und er spürte schnell, wie recht er gehabt hatte. Das Rascheln wurde stärker und kam aus mehreren Richtungen. Es waren bestimmt vier oder fünf Männer, die sich da ihren Weg heimlich und verstohlen durch das Dickicht suchten. Tatsächlich: Schattenfigur um Schattenfigur tauchten sie aus dem Halbdunkel auf und kamen bedrohlich auf ihn zu. Alle wortlos und alle in seine Richtung den Hang hinaufsteigend. Die Axt in Hennes Hand zitterte leicht vor Aufregung. Er hob sie noch ein wenig höher, noch höher, noch, noch, ... Jetzt! Jetzt zuckte sie zum Schlag, der erste Kopf war fast in seiner Reichweite, da hörte er eine Stimme: „Herr! Herr? Müller Bast? Seid Ihr das?“ Jost hatte den Schatten unter der Eibe erkannt. Gott sei Dank hatte Henne noch nicht zugeschlagen. „Jost, das war knapp!“, stöhnte er und war leichenblass dabei. Aber er war gleichzeitig unendlich froh, so treue Knechte zu haben.

Jost sah sich vorsichtig um. Rasch winkte er den übrigen Knechten der Obermühle, rasch zu ihnen beiden zu kommen. Alle verbargen sich im Dunkel der Eiben. „Ihr braucht doch Zeugen!“, raunte Jost dem Müller noch rechtzeitig zu, als Niklas, einer der Knechte, die den besten Blick auf den Roßbach hatten, herüber zischte, ruhig zu sein. Direkt an der Stelle, an der der provisorische Damm gewesen war, erschienen zwölf, vielleicht auch dreizehn oder vierzehn dunkle Gestalten, die erst ganz ruhig, dann auffallend hektisch herumliefen. Schreie, eigentlich unterdrückt und doch zutiefst verärgert, drangen den Hang hinauf bis zu den im Dickicht Lauernden, die zunehmend fröhlicher wurden. „Das gibt’s doch gar nicht!“, hörten sie deutlich und: „Da fehlt ja jetzt ein riesiges Stück unserer Wiese!“ Und auch: „Der Hüttenmüller reißt uns in Stücke, wenn er das erfährt!“ Die folgenden Flüche und Verwünschungen gegen die Obermühle waren ebenfalls mehr als deutlich zu verstehen. Alles war eindeutig: Die Männer da unten waren von der Waldschmitter Hüttenmühle und mussten einsehen, dass nicht nur der eigene Plan gründlich misslungen war, sondern dass sie selbst den Schaden erlitten hatten, den sie der Obermühle hatten zufügen wollen. Sieg und gleichzeitige Katastrophe waren perfekt.

Nach etwa einer Stunde Schadensbegutachtung schlichen die Hüttenmühlsknechte still wie geprügelte Hunde zurück, um ihrem Herrn die miserable Botschaft zu überbringen. Sie würden auch geprügelt werden, das war klar. Die Niederlage der Waldschmitte war vollständig, und der Müller würde die Katastrophe sogar an seinen Herrn, den Landgrafen Ludwig, nach Marburg berichten müssen. Das würde ihn vielleicht den beruflichen Kopf kosten. Heute würde auf einer der Mühlen bei Biedenkopf geweint werden und in einer gefeiert. Und die Hüttenmühle würde nicht die der lauten Feier sein.

Nach vielleicht zehn Minuten des Wartens, ob tatsächlich alle Waldschmitter abgezogen waren, erhob sich Henne Bast und trat aus dem Schatten in das inzwischen hellstrahlende Mondlicht hinaus. Alle seine Knechte folgten ihm und umringten ihn. Henne lächelte sie alle an. Einem nach dem anderen reichte er die Hand und schüttelte sie zum Dank. Vor Jost blieb er zuletzt stehen, packte ihn bei den Schultern und ernannte ihn vor aller Ohren zum Verwalter. So einen konnte er brauchen. Josts Zukunft war gesichert; und alle hatten einen Herrn gewonnen, der ihnen von heute an anders begegnen würde. Der Obermühle würde es nicht schaden. Noch in Jahrhunderten würde sie an der Lahn stehen und der Brücke über die Lahn ihren Namen geben, wenn es die Waldschmitte und die Hüttenmühle schon lange nicht mehr geben würde.

Nach einem Tag des Feierns schickte Henne Bast den Verwalter Jost Falz los zum Rat der Stadt, um dort zu beantragen, dass die neue Form der Wiese am Roßbach als mit den alten Grenzen vereinbar und somit als rechtmäßig anzusehen war. Und Falz verhandelte gut. Wie es nun war, so wurde es festgeschrieben. So hatte der große Regen die Familie Bast auf der Obermühle noch reicher gemacht.

ACH KLEEBERG WIE
BIST DU SO SCHÖN....
(STEIL)

Von Gottes genaden

1682: Verfügungen

Darmstadt lag friedlich vor den Fenstern des Residenzschlosses im Schatten des großen Bergfrieds, der noch für wenige Jahre die Silhouette des Renaissancekomplexes prägen würde. Die Stadt genoss das warme Wabern der Spätsommerluft an diesem letzten Augusttag des Jahres. Alles schien in bester Ordnung zu sein, und von außen war dem Schloss nicht anzusehen, welche Katastrophe sich möglicherweise anbahnte. Lachend liefen Kinder auf der breiten Straße vorbei, Frauen trugen Körbe voller Wäsche und erstem Obst und Männer gingen eifrig ihren Geschäften nach. Nur Elisabeth Dorothea Landgräfin von Hessen Darmstadt, Fürstin zu Hersfeld, geborene Herzogin von Sachsen, Jülich, Cleve und Berg und Gräfin zu Katzenellenbogen, Dietz, Ziegenhain, Nidda, Schaumburg, Isenburg und Büdingen stand wie erstarrt am Fenster und sah hinaus. Ihr Kopf war leer. Wäre ein Monster vor ihren Augen erschienen, sie hätte es wohl kaum bemerkt. Denn ein Bote aus Gotha in Sachsen war vor wenigen Minuten eingetroffen und hatte eine Meldung überbracht. Elisabeths Stiefsohn Ludwig, in der hessischen Zählung der Siebte dieses Namens, ihr Stiefsohn aus der ersten Ehe ihres Mannes, des Landgrafen Ludwig VI., war eigentlich dorthin gereist zur Feier seiner Verlobung mit Erdmuth Dorothea von Sachsen-Zeitz. Er hätte die Herrschaft über Hessen-Darmstadt sichern sollen, nachdem sein Vater gerade erst am 24. April 1678 verstorben war. Und jetzt das: Der Bote meldete, dass auch Ludwig VII. nicht mehr unter den Lebenden weilte, da er am 30. August 1678, gerade einmal 20 Jahre alt, einer Infektion mit der Ruhr zum Opfer gefallen war. Hessen-Darmstadt stand vor schwierigen Zeiten.

Der Nächste in der Thronfolge war sein Halbbruder Ernst Ludwig, Sohn seines Vaters mit dessen zweiter Ehefrau, eben der gerade jetzt kreidebleich sich am Schreibtisch festklammernden Elisabeth-Dorothea. Sie hatte Grund dazu, erschrocken zu sein, denn ihr Sohn Ernst-Ludwig war gerade einmal 11 Jahre alt und zur Herrschaft noch völlig ungeeignet. Elisabeth wusste, was nun folgen musste: Sowohl ihr Mann als auch ihr Stiefsohn hatten für einen solchen Fall sie, Elisabeth Dorothea, zur Regentin an Ernst Ludwigs Statt bis zu seiner Volljährigkeit eingesetzt. Von einer Minute auf die andere war sie Regentin. Das Schicksal Hessen-Darmstadts lag in ihren Händen, hing ab von ihrem Geschick, von ihrem Können, von ihren Fähigkeiten. Sie fürchtete sich in diesem Moment vor der gewaltigen Aufgabe, die da mit dem Gewicht eines Gebirges auf ihr Herz einstürzte. Aber sie wusste noch nicht, was tatsächlich kommen würde. Ihre Regentschaft würde Hessen-Darmstadt nicht schaden. Ganz im Gegenteil. Und die Zeit schritt voran.

Heute waren seit der Botschaft und dem Schreckensmoment am Fenster schon vier Jahre ins Land gegangen. Zusammen mit dem von den Verstorbenen bestimmten Regentschaftsrat, zu dessen Präsidenten sie Weiprecht von Gemmingen berufen hatte, hatte die regierende Landgräfin sich tatkräftig daran gemacht, das Land für die Herrschaftsübernahme durch ihren Sohn vorzubereiten. De jure, also von Rechts wegen, war der zwar seit August 1678 regierender Landgraf; de facto aber übte sie die Regierungsgewalt aus. Noch sechs weitere Jahre lang würde sie die Geschicke Hessen-Darmstadts lenken.

Aber irgendwie hatte sie sich das nicht so schwierig vorgestellt, so unendlich kleinteilig in den alltäglichen Aufgaben und Problemen. Das Residenzschloss schien doch unendlich weit entfernt zu sein von den alltäglichen Nöten und Problemen der einfachen Leute. Da gab es z.B. immer wieder diese leidigen Grenzstreitigkeiten in den verschiedenen Gebieten der Landgrafschaft. Je ärmer der Boden, desto härter wurde er verteidigt. Natürlich wusste sie nur allzu gut, dass für die Landbevölkerung auf den harten Lehmböden Oberhessens entlang des Oberlaufs der Lahn gerade deshalb jeder Krümel Erde zählte, weil Krümel mit Krümel mit Krümel irgendwann doch noch so etwas wie einen Acker ergeben konnte. Noch war das spätere Hinterland nicht bitterarm; noch blühte das Weberhandwerk, noch konnte man mit Flachs, Wolle und Färberwaid Geld ins Land holen; aber auch jetzt war bereits alles, was man selbst anbauen konnte, eine Entlastung und es war doch so wenig, was dort oben auf den Steinen und Lehmschwemmböden wachsen und gedeihen wollte. Vor Zeiten hatte wenigstens noch Wald die Berge bekrönt, aber der war inzwischen fast völlig verschwunden. Mit dem Wald aber schwand auch die Viehhaltung, denn die Stallhaltung setzte sich erst jetzt notgedrungen durch. Schweine hatte man immer zur Mast in die Wälder getrieben; Hirten hatten das Vieh herum geführt und so Wiesen, Eicheln, Bucheckern und ansonsten nutzlose Brachflächen einer geplanten und gezielten Nutzung zugeführt; und so bitter es war: Der ungeheure Verlust an Menschen durch den 30jährigen Krieg hatte der Natur eine Atempause beschert. Wald konnte stellenweise nachwachsen, an den Flüssen erstreckten sich oft wieder Auen. Denn zuvor war Europas Natur ein Opfer des Erfolges seiner Bewohner geworden.

Noch zu Zeiten der Germanen war das Land weithin ein riesiger versumpfter Wald gewesen; vereinzelte Gehöfte lagen verstreut in den riesigen Wäldern, Fische gab es da, wo Bäche und Flüsse waren; Straßen, die das ganze Jahr über nutzbar waren, waren so gut wie unbekannt. Erst mit dem Christentum waren Klöster und mit ihnen Wissen, Bildung und Wissenschaft gekommen. Klostermedizin und die Kenntnis antiker, christlicher, jüdischer und muslimischer Autoren hatten dafür gesorgt, dass mehr Krankheiten geheilt werden konnten und mehr Kinder überlebten, und dann im 11. Jahrhundert der große Durchbruch: Die Mönche erfanden die

Drei-Felder-Wirtschaft; spätere Generationen entwickelten sie weiter zur Drei-Zelgen-Wirtschaft[14], was zu einem ungeheuren Bevölkerungswachstum führte.

Die Bauern wirtschafteten zusammen; hatte bei der Drei-Felder-Wirtschaft jeder Bauer selbst seine Felder im ersten Jahr brach liegen lassen, im zweiten Jahr ein nährstoffintensives Getreide und im dritten Jahr eine weniger anspruchsvolle Frucht angebaut, bevor der Zyklus wieder mit einem Jahr der Brache von vorne begann, so legten die Bauern ihre Felder später zu Zelgen zusammen, großen Gebieten, die alle zusammen gemeinsam als ein Stück nach der Drei-Felder-Regel bewirtschaftet wurden. Dadurch gewann man viel Anbaufläche, da z.B. die Wege zwischen den Feldern wegfielen. Und diese, in späteren Augen fast unfassbar kleinen aber riesigen Veränderungen führten dazu, dass sich die Bevölkerung Europas vervierfachte. Bis die Pest kam. Zwischen 1346 und 1353 raffte der Schwarze Tod zwischen Mittelmeer und Nordkap mindestens 25 Millionen Menschen dahin, also etwa ein Drittel der gesamten Bevölkerung Europas, wenn nicht mehr. Mit gleicher Wucht hatte die Krankheit schon Ägypten und Zentralasien verwüstet. Rattenflöhe und Kleiderläuse trugen die Pest in so viele Gebiete. Und der Tod veränderte alles. Wo alle, Reiche, Arme, Kleriker, Verbrecher, Gebildete, Ungebildete, Landbesitzer und Habenichtse, alle zusammen starben, oft die ganze Familie, die Eltern mit den Kindern; da blieb eine ungeheure Leere zurück. Und die Überlebenden erwachten nach dem Schrecken in einer neuen Welt. Land war neu zu verteilen; wer arbeiten konnte, der wurde dringend gebraucht und konnte Forderungen stellen. Leistung wurde wichtig oder wichtiger als Abstammung. Das Bürgertum und freie Bauerntum entstand. Handwerk und Handel blühten auf. Und

14In der Drei-Zelgen-Wirtschaft wurden alle Felder eines Dorfes zusammengefasst und in abwechselnder Fruchtfolge gemeinsam bewirtschaftet. Im Grunde war der Haubergswald eine ähnliche Idee.

auch die Natur erholte sich in den Gebieten, in denen jetzt weniger Mäuler von mehr Boden zu stopfen waren.

Und so war es auch jetzt, nach den dreißig Jahren Schrecken und Terror, die über der Hälfte der Einwohner Deutschlands das Leben gekostet hatten. Erst langsam erholte sich das Land; es würde noch über ein Jahrhundert dauern, bis Deutschland wieder so viele Einwohner hatte wie 1618.

Trotzdem gab es auch jetzt schon wieder unausgesetzt kleinere und größere Streitigkeiten um das Land. Insbesondere Biedenkopf tat sich da höchst unrühmlich hervor. Aus irgendeinem Grund, den die Landgräfin nicht bis ins Letzte verstehen konnte, gab es dort immer wieder Streit zwischen der Stadt und den Nachbarorten. Ob Dexbach, Engelbach, Weifenbach oder Eckelshausen: Aus irgendeinem Grund schien das Land auf Biedenköpfer Seite immer und grundsätzlich grüner zu sein. Ging es nach der schieren Anzahl der Beschwerden, dann überschritten offensichtlich stündlich unentwegt die Hirten der umliegenden Dörfer die Grenzen zu den spärlichen Stadtwäldern, um dort ihr Vieh weiden zu lassen, schnitten Ruten an Biedenköpfer Flussabschnitten oder sammelten Laub auf Biedenköpfer Seite als Einstreu in den Ställen. Biedenköpfer wiederum ließen es sich dann nicht nehmen, ihrerseits an Heu und Laub jenseits der Grenze Selbstbedienung zu üben. Es gab bereits Berichte über Massenschlägereien, die zwischen den Dörfern und der Stadt ausgeartet waren und jederzeit seien Tote möglich, so hörte man.

Das Ganze fing an, bedeutend mehr Aufmerksamkeit auf sich zu ziehen, als der Sache angemessen war. Elisabeth-Dorothea entschied sich, hier endgültig durchzugreifen. Sie stand in ihrem Arbeitszimmer im Schloss zu Darmstadt an einem der Fenster und sah hinunter in den Hof, in dem der junge Landgraf gerade mit Soldaten übte, eine Kompanie zu mustern. Er machte seine Sache schon recht gut. Elisabeth Dorothea war zufrieden. Ernst Ludwig würde kein grausamer, aber ein durchgreifender Fürst werden. Das gefiel der Frau, die selbst gedachte, jetzt Stärke zu zeigen.

Elisabeth drehte sich rasch um und ging mit festem Schritt ins Halbdunkel des großen Zimmers. Entschlossen griff sie nach der bronzenen Glocke, die auf ihrem Schreibtisch stand. Ein kurzer, heller Ton, und die Tür öffnete sich. „Einen Sekretär!“, beschied sie dem Diener, der sofort abtrat, um den Auftrag auszuführen. Wenn sie jetzt nicht durchgriff, dann war da nichts mehr an staatlicher Ordnung zu gewinnen. Im Grunde war die Sache doch entschieden, da bereits in einer Urkunde vom 4. August 1536[15] klar und deutlich festgelegt worden war, wie die Grenze festgelegt war. Anhand eindeutiger Wegzeichen, wie aus dem Schriftstück überdeutlich hervorging: Die Grenze zwischen Biedenkopf und Dexbach verlief demnach über Syfertzlache, Rainssberg, Loidhennenberg, Hesse Ruidt, Staffelberg und Beltersberg. Die Landgräfin überflog die Akten noch einmal. Viele waren es geworden im Laufe der Zeit, Grenzstreitigkeit von 1536,1548, 1552, 1553, 1566, 1625, 1656, 1662; mit allen möglichen Nachbarn, Dörfern, Städten; Grenzbegehungen der Dexbächer um zu überprüfen, ob die Biedenköpfer die Grenze verschoben hätten und anders herum; diese ganze Region schien nichts anderes zu tun zu haben, als sich um schlechtes Land zu streiten. Besonders Biedenkopf auf der einen und die Dörfer Dexbach und Engelbach auf der anderen Seite schienen nicht miteinander in Ruhe und Frieden leben zu können oder zu wollen. Seit sage und schreibe 150 Jahren konnten oder wollten die Untertanen da oben im Hinterland keine Ruhe geben. Wenn das so weiterging, würden die sich die Beschäftigung mit ihren Grenzen noch zur Gewohnheit werden lassen und vermutlich dauernd nachsehen wollen, ob da noch alles in Ordnung wäre! Da musste durchgegriffen werden. Ruhe musste in die Angelegenheit, ein für alle Mal. Und sie, die regierende Landgräfin Elisabeth, würde

15Bäumner S. 17

ihren störrischen Bauern und Bürgern schon zeigen, wer das Sagen hatte in Hessen-Darmstadt, bis hinauf in die entlegensten Winkel.

Leise war der junge aber schon sehr erfahrene Sekretär eingetreten. Das geübte Ohr Elisabeths hatte ihn sofort registriert. Sie mochte den jungen Mann, sie wusste, er konnte nicht nur gut zuhören, sondern er würde, ohne sie zu bevormunden oder zu blamieren, in manchen Fragen der Formulierung geschickt zu helfen wissen. Mit seinen gerade einmal 21 Jahren war der braunhaarige Mann mit seinen tiefblauen Augen eine bessere Stütze, als so mancher Hofadelige von sechzig Jahren, der zwar längst nicht mehr alle Gedanken klar zusammen bekam, also, wie man im Hinterland sagen würde, seine sieben Quetschen nicht mehr beisammen hatte; im Rang aber nun einmal himmelhoch über dem klugen Jungen stand. Wie dankbar war Landgräfin Elisabeth, dass sie im Moment mit dem Sekretär alleine war. „Schreibe Er!", beschied sie dem jungen Mann, der an ein Stehpult in der Ecke trat, die frischgespitzte Feder aus dem Futteral zog, das Tintenfass aufklappte und den Bogen Papier mit dem Darmstädter Löwen im Wasserzeichen glättete. Rasch hob er das Sandfass kurz an, um zu fühlen, ob es gefüllt wäre, und sah erwartungsvoll hinüber zur hohen Frau, die sich sammelnd aus dem Fenster sah, wie es so oft ihre Art war. Landgräfin Elisabeth konnte sich nicht konzentrieren, wenn sie auf eine leere weißgetünchte Wand oder in eine nebelige Ferne sah. Ihr Gehirn arbeitete dann messerscharf, wenn auch die Augen beschäftigt waren.

Was sollte sie diktieren? Sie wollte nicht drohen, aber einfach, unmissverständlich und klar verstanden werden. Sie wusste, dass sie als Frau, die nur Regentin und damit eine zeitliche Lückenbüßerin für ihren Sohn war, von den Männern nicht ganz für voll genommen wurde, sobald sie dazu irgendeine Gelegenheit bot. Sie war keine Frau, die zu ihrer Zeit als besonders schön gegolten hätte. Ihr Gesicht wirkte gewöhnlich mit seiner großen Nase und den geradezu riesigen Augen, ihre lockigen Haare waren im Kontrast zu dem runden Kinn zu einem eine Frisur darstellenden voluminösen Etwas drapiert, ihr Hals schien zu lang und gleichzeitig dick für den Geschmack ihrer Zeit. Ihren Busen musste sie etwas ausstopfen, ihre Hüfte betonte sie mit weiten Röcken, aber sie konnte doch nicht allein durch ihren Anblick überzeugen. Und sie wusste das nur zu gut. Denn wenn sie auch keine Frau von jugendlichem, also schnell vergänglichem äußerem Reiz war, so war sie doch den meisten ihrer männlichen Berater und Hofschranzen bei weitem an Verstand und scharfem Urteilsvermögen, an Weitblick und Geschick in diplomatischen Fragen weit überlegen. Das wussten die Männer am Darmstädter Hof. Und nicht nur dort. Elisabeth genoss auch in den benachbarten Staaten den Ruf einer Staatslenkerin mit einer glücklichen Hand.

„Schreibe Er an den Henrich Christian Krantzberg, Unseren Regierungsrat in Gießen und an den…“ Sie nahm einen Zettel von ihrem Schreibtisch, suchte darauf kurz einen Namen: „.. ach ja, genau, … an den Hans Caspar von Lindemann, unseren Oberforstmeister, dass sie die unbotmäßigen Biedenköpfer darauf hinweisen, dass bereits 1665 der endgültige Bescheid über die Grenze zwischen Biedenkopf und Dexbach wie auch der zu Engelbach ergangen ist; dass dieser Bescheid den von 1536 bekräftigt hat und dass dem nichts mehr hinzuzufügen ist. Wer wieder damit anfängt, der soll mit einer Strafe von 50 Reichstalern belegt werden. Und beide Seiten sind hiermit dazu aufgerufen, Ruhe zu geben und sich nicht mehr mit den Grenzverläufen zu beschäftigen.“ Sie kramte in den Papieren und zog eines heraus. „Hat Er das alles?“, wandte sie sich dem eifrig mitschreibenden Sekretär zu. Der nickte, überflog die Notiz und wagte es, eine Frage vorzubringen. „Ob das wohl reichen wird?“ Elisabeth sah ihn auffordernd an. „Was meint Er damit? Spreche Er frei heraus. Wo könnte darin ein Fehler liegen, Gehorsam einzufordern?“ Der Sekretär Johannes Benner zögerte. Er wusste, was ihm eigentlich zustand, und die Beratung oder gar Belehrung seiner Landesherrin gehörte mit Sicherheit nicht zu seinen Aufgaben.

„Euer Durchlaucht mögen verzeihen!“, begann er stockend, „aber ich kenne die Situation dort sehr gut, da ich selbst aus Battenberg stamme. Boden im Hinterland ist nicht dasselbe wie Boden in der Schwalm oder in der Wetterau.“ Elisabeth Dorothea wurde ungehalten. Was maßte sich der junge Kerl da an? Glaubte er tatsächlich, sie sei nicht informiert über ihr eigenes Land? Sie wüsste so gar nichts über die Grundlagen einer das Land ernährenden Landwirtschaft und die Bedürfnisse ihrer Bevölkerung?

„Ach, was Er nicht sagt, das ist mir alles so neu, geradezu aufregend neu!“, erwiderte sie daher spitz. Johannes Benner zuckte zusammen. Er bewegte sich auf extrem dünnem Eis, und er verfluchte sich insgeheim schon selbst, weil er den Mund aufgemacht hatte. Aber jetzt gab es kein Zurück mehr. „Ich bitte um Verzeihung, aber ich weiß, dass Euer Durchlaucht darüber im Bilde sind, so wie man über Erlerntes überhaupt nur im Bilde zu sein vermag. Aber das Leben ist anders als das, was in Büchern steht. Durchlaucht sind von klugen Professoren belehrt und unterwiesen worden, aber in manchem weiß jeder Bauer mehr als alle Professoren. Vieles stimmt nicht von dem, was so gelehrt wird. Jeder Bauer bei uns erkennt, wie das Wetter werden wird, bestimmt die Qualität des Bodens nach der Farbe der Pflanzen, die darauf stehen; er weiß, von wo das Wasser auf seinen Wiesen stammt und was es mit sich führt. Er weiß, wo sein Vieh noch Futter findet, und welche Quellen als letzte versiegen, wenn der Sommer heiß bleibt und lange dauert. Und das Hinterland ist arm an guten Böden. Da zählt jeder Grashalm, jede Buchecker, alles an Obst und Kräutern, jeder Tropfen in einem Bach oder einer Quelle. Da kämpft man um jeden Krümel Boden, den die Professoren für wertlos erachten mögen. Da wird jede Wiese und jedes Waldstück zum Schatz, auf den man nicht verzichten kann. Man streitet nicht aus purer Streitlust darum oder um aufsässig zu sein, sondern, weil man angewiesen ist auf alles, was über den Winter hilft."

Landgräfin Elisabeth hatte zunächst verärgert, dann immer verständnisvoller dem jungen Mann zugehört, der vor Befangenheit der hohen Frau gegenüber, aus geheimer Sorge um sein eigenes Wohl und aus echtem Engagement einen roten Kopf bekommen hatte. Sie überlegte kurz und fragte dann: „Und welche Seite braucht denn das Land dringender? Die Dexbächer oder die Biedenköpfer?" Benner überlegte kurz, dann antwortete er mit einer Stimme, die eigentlich fest klingen sollte, aber doch ein deutliches Zittern verriet: „Eigentlich beide Seiten gleichermaßen."

„So ist es!", antwortete die Landgräfin und wandte sich lächelnd ab. „Es darf da keinen Sieger und keinen Verlierer geben, nicht wahr?" Johannes Benner atmete tief durch und stimmte dann aus vollem Herzen zu. Die hohe Frau hatte ihn nicht nur angehört, sondern auch ernst genommen. Er konnte es kaum fassen.

Elisabeth wandte sich dem Fenster zu. „Dann setze Er noch etwas hinzu!", wies sie Benner an. „Man soll in regelmäßigen Grenzbegehungen die Grenzen gegenseitig und in überschaubaren Zeiträumen abgehen und sich so gegenseitig kontrollieren. Sagen wir, alle vier oder fünf Jahre. Die Blumenhute soll vom Gebiet her bei Biedenkopf verbleiben, aber die Nutzung soll den Dexbächern und Engelbächern gehören. Und die Steine, die die Blumenhute markieren, sollen aufgeschrieben sein. Steine, keine vergänglichen Bäume mehr. Ein für alle Mal feste, bezeugbare Steine. Man soll sich gegenseitig mitteilen, wann eine solche Begehung stattfinden wird, und die andere Seite soll Zeugen stellen dürfen, die die Richtigkeit des Grenzganges bezeugen und die Unverletztheit der Grenze bestätigen werden. Ist das gut?"

Johannes Benner hatte mit hochrotem Kopf mitgeschrieben, und was er da schrieb, gefiel im ungemein gut. Aber das der Landesherrin zu sagen, war natürlich völlig unmöglich. So überreichte er mit einem formellen Diener das ausgefertigte Schriftstück der Landgräfin und versicherte ihr, dass dieser Beschluss ihr sehr zur Ehre gereichen werde. Elisabeth Dorothea war sehr zufrieden. Sie hatte Frieden gestiftet, da war sie sich sicher

Aber so gut die Landgräfin es auch gemeint hatte, es blieb nutzlos. Schon 1684 und 85 flammte neuer Streit auf, und 1687 befasste sich der neue Landgraf Ernst Ludwig mit den Grenzstreitigkeiten zwischen Biedenkopf, Dexbach und Engelbach. Und das sollte nicht das Ende sein.

VULTUI NON TEMERE CREDENDUM EST.
F66
BIDENCAPP Heßisch
Compositos mores et somnum felis amicum fingit, at ipsius callida mens vigilat.
Die Katz so einfalt als ein Schaaf,
Nimpt sich fein ahn als ob sie schlaf.
Und ist doch schelmäßig ihr sinn,
Kriegt sie ein beut die nimpt sie hin.

1693: Der Wert von Bucheckern

In Dexbach kochte der Zorn hoch. Für heute war aus Darmstadt auf dem Territorium von Biedenkopf eine Grenzbegehung angeordnet worden, um den ständig schwelenden Konflikt mit den Nachbardörfern endlich und im fast nicht mehr zählbaren Anlauf zu befrieden. Und in allen Orten rings um die Stadt stieg die Furcht, es würde jetzt endgültig zu ihren Ungunsten ausgehen. Das reiche Biedenkopf hatte in der Befürchtung der umliegenden Orte Geld und Einfluss genug, um höheren Ortes mehr gehört zu werden als die Einwohner von Dexbach oder Engelbach. Die einzigen Fürsprecher für die Bauern waren ausgerechnet ihre adeligen Herren, die sich als Schutzmacht ansahen und dasselbe Fürsprache- und Vormundschaftsrecht ihren leibeigenen Bauern gegenüber hatten wie ein Mann gegenüber seiner Ehefrau und den Kindern. Aber wenn Biedenkopf Angebote machen würde, die den Herren Geld brächten, aber den Bauern Land und damit die Wirtschaftsgrundlage nahm, dann blieben die zu erwirtschaftenden Abgaben trotzdem gleichhoch. Nur die Mühe für die Bauern stieg. Und es gab nichts, was die dagegen tun konnten.

Und so wuchs die Sorge um die Zukunft; und aus Sorge wird nur allzu leicht Zorn, besonders wenn sie sich mit absoluter Fremdbestimmtheit und Perspektivlosigkeit mischt. Das konnte manchen Hitzkopf noch zusätzlich anheizen, und Hitzköpfe gibt es immer überall. Auch Dexbach hatte den seinen.

Mattes Weigel stand auf seinem Hof und ballte die Fäuste in der Tasche. Die Adern an seinem Hals schienen jeden Moment platzen zu wollen. Gunda, seine Frau, hatte große Angst; sie wusste in ihrer

Not nur nicht genau, was sie mehr fürchtete: Dass ihr Mann gleich tot umfiele oder dass er in seinem Zorn etwas täte, was für sie alle das Ende bedeuten würde. Er war in Rage, und zwar so sehr, dass ihm offensichtlich schlichtweg alles egal war. Vollständig egal. Er musste Druck ablassen, komme was wolle. Und das war gefährlich.

Gunda war eine Frau von 38 Jahren und stand mit beiden Beinen fest auf der Erde. Sie hatte schon so manchen Sturm im Leben überstanden; auch so manchen, den ihr Mattes aus einem lauen Lüftchen zustande gebracht hatte. Als junge Frau hatte sie mit ihren glänzenden rückenlangen hellbraunen Haaren und tiefbraunen, fast schwarzen Augen, die einen unbeschreiblichen Stich ins Grüne zeigten, und mit ihrem wohlgeformten Körper, mit den großen prallen Brüsten, den starken Armen und dem breiten Becken, das verriet, dass sie Kinder würde gebären und bei der Arbeit zupacken können, zurecht als die Schönste von Dexbach gegolten, und auch heute war das durchaus noch sichtbar. Alle Männer hatten ihr den Hof gemacht, auch durchaus solche, die nach modernen Maßstäben eigentlich schon deutlich zu alt gewesen waren; aber in diesen Zeiten war das Alter nicht das Ausschlaggebende. Zumindest nicht im Allgemeinen. Viele Witwer heirateten noch einmal eine deutlich jüngere Frau; das war nicht nur nicht unüblich, sondern ein sicheres Zeichen für den Reichtum und die soziale Bedeutung des Mannes. Aber Gunda war selbstbewusst genug, sich ihren Ehemann nicht vorschreiben zu lassen. Ihr Vater Johann Dechsel hatte da einen großen Bauern im Auge gehabt, einen seiner Freunde, im selben Alter wie er selbst; zwei schöne Höfe wären da zusammengekommen und seine Tochter wäre versorgt gewesen, wenn sie den Gatten überlebt hätte. Das war nicht selbstverständlich angesichts der häufigen Kindsbetttode, aber es war möglich. Und ihre Kinder wären sehr große Bauern gewesen. Aber Gunda widersetzte sich lange, und es schien, als hätte sie da einen guten Riecher gehabt, denn in einer Gewitternacht hatte der Blitz in den Hof des verschmähten Bräutigams eingeschlagen und beim Versuch, das Vieh zu retten, war er selbst in den Flammen ums Leben gekommen. Und als hätte der Teufel da seine Hände im Spiel gehabt, fand im Winter darauf auch ihr Vater ein schlimmes Ende, als er an einem Hang von einem Bergrutsch mitgerissen wurde, den starker Dauerregen ausgelöst hatte. Plötzlich war Gunda zwar immer noch schön, aber keine so gute Partie mehr, denn ihr Bruder erbte den Hof und hatte genug damit zu tun, den im mit guten Böden nicht gesegneten Dexbach zu erhalten; die Mitgift seiner Schwester schmolz dahin wie Schnee im August. Aber einer verlor nicht sein Interesse an der wunderschönen jungen Frau: Mattes Weigel. Der war ein Mann, der nicht reich heiraten musste, um etwas zu haben. Er war stolz und durchaus bestrebt, sich selbst etwas aufzubauen. Wo Mattes zupackte, da bewegte sich etwas. Er war groß, straßenköterblond bis auf den Bart, der schon grau wurde; dazu ungewöhnlich muskulös, breitschultrig, mit stark geäderten Armen und Händen; und seine strahlend hellen blauen, fast gläsern wirkenden Augen hatten mit ihrem kalten Feuer schon lange vor dem Unfall von Vater Dechsel das Interesse Gundas geweckt. Hier fanden zwei ebenbürtige Menschen zusammen, beide tatkräftig, beide nicht zu bändigen, beide mit großem Freiheitsdrang. Nach der Hochzeit merkte Gunda recht schnell, dass dieses Feuer kein leise knisterndes Kaminfeuer war, sondern dass ein unbändiger Vulkan in dem nicht mehr ganz jungen Mann loderte. Inzwischen kannte sie ihren Mattes: Der hatte schon mehrfach andere Männer aus einer puren Laune heraus zusammengeschlagen, oft ohne erkennbaren Grund. Mattes galt als Unruhestifter; er handelte sich regelmäßig Kirchenbußen und weltliche Strafen ein, aber er konnte nicht anders. Und niemand schien ihn im Mindesten verstehen zu wollen oder zu können. Er war eigentlich immer der Böse, egal was er tat. Aber trotzdem hörte man auf ihn, denn er war einer, der ranschaffen konnte und wusste, was er wollte.

Die Weigels, von denen er abstammte, waren nie welche der Großen im Dorf gewesen; in Dexbach gaben andere den Ton an. Seine Familie hatte, als er es erbte, nur so viel Land, wie es zum Leben reichte; weit ums Dorf verteilt und meistens hoch oben an den Hängen gelegen. In jedem trockenen Jahr war er der Verzweiflung nah, woher das Wasser für seine Saaten kommen sollte. Seine Felder waren fast alle weit weg von jedem Bach. Rüben und Kohl waren oft auf dem Tisch. Seinen muskulösen Körper hatte er der schweren Arbeit zu verdanken, die er von Kindesbeinen an kannte. Sein Vater war früh mit gerade einmal 26 Jahren am Husten gestorben als Mattes neun Jahre alt war; und dieser, der einzige, Sohn hatte sich und die Mutter ernähren müssen. Aber sie hatten doch immer zu essen gehabt, so dass er nicht den verbogenen und ausgemergelten sehnigen Körper eines Hungerleiders entwickelte.

Denn das einzig Gute, was sein Boden hergab, waren Äpfel. Auf dem steinigen Boden auf dem Ralsberg und in einem Tal dahinter gaben die alten Bäume, die er von seinem Vater geerbt hatte, zuverlässig Frucht, wenn kein Spätfrost in genau den falschen Nächten die Blüten hatte erfrieren lassen. Aber wenn kein Frost, kein Hagel, kein Wildfraß die Bäume getroffen hatte, dann sicherte sein Obst der Familie durchaus einen gar nicht so schlechten Verdienst. Obst war gesucht für die Tafeln der Reichen und die konnten gar nicht genug davon haben. Acht Bäume hatte der Junge geerbt, dann hatte er sich das Pfropfen abgeschaut und fleißig Bäume gezogen und veredelt. Von Marburg aus kamen regelmäßig Händler und kauften des Bauern das Obst ab, und die inzwischen 41 Bäume des Mattes Weigel in einem geschützten Tal Richtung Biedenkopf waren daher eine fast sichere Geldquelle. Die Weigels hatten deshalb gutes Geld für Getreide und manchmal sogar Wild, nicht immer nur Huhn. Sie hatten nicht nur eine Ziege im Stall, sondern eine kleine Kuh einer alten Rasse aus den Mittelgebirgen, die klein und zäh war und zuverlässig auch aus wenig Gras Milch genug gab, ein Waller Rind, das die im Laufe der Zeit dazugekommenen brachliegenden Felder abweiden konnte, wenn wieder so gar nichts auf den obersten Grundstücken wachsen wollte. Sogar ein kleines Schwein konnte man jedes Jahr im Stall haben bis zum Schlachten im Winter, denn die Schweine trieb der Hirte des Dorfes gemeinsam in den Wald zur Waldhute oder Waldmast mit Eicheln und Bucheckern. So war Mattes Weigel doch allem Unglück zum Trotz zu einem ansehnlichen Bauern geworden, der nicht nur in seinen eigenen Augen durchaus etwas darstellte. Und jetzt das. Alles drohte jetzt in Gefahr zu geraten. Und alles nur wegen der Biedenköpfer Grenzansprüche. Die Zukunft der Familie Weigel stand auf dem Spiel, und der Vulkan drohte jeden Moment auszubrechen.

Seit Menschengedenken hatten die Dexbacher den immer kleiner werdenden Wald auf dem Ralsberg und die Täler hin zur Johannisköppe und dem Heiligenberg als ihre Flächen angesehen, obwohl hier noch die Biedenköpfer Gemarkung war; aber die Dexbächer hatten in ihren Augen das alleinige Nutzungsrecht und deshalb die Flächen so genutzt, als gehörten sie zu Dexbach, was ihnen auch irgendwann einmal laut den Erzählungen der Alten von Darmstadt immer wieder bestätigt worden war; und jetzt erhob Biedenkopf genau auf die Nutzungsrechte zum wiederholten Male Anspruch. Es waren genau das Tal und die Grundstücke, die den wesentlichen Besitz des Mattes Weigel ausmachten. In diesem Tal standen seine Bäume, hier wuchs alles, womit er seine Familie ernähren konnte. Hier waren die Huten für das Dexbacher Vieh, hier wuchsen noch die Eichen und Buchen, ohne deren Samen die Dexbacher kein Schwein mehr über den Sommer bringen würden. Für Biedenkopf ging es um Größe, für Dexbach ums Überleben. Der Streit würde heftig werden.

Mattes stand in seinem Hof und blickte zornig den Berg empor. Seine Augen hatten einen eigentümlichen, nie zuvor so gesehenen dunklen Schein angenommen. Sein Blick schien alles zu durchdringen.

Dort oben lagen hinter dem Höhenzug des Ralsbergs seine Obstwiesen. Es war Herbst und das Obst war reif und siehe da: Als er gestern nachsehen wollte, da sah er gerade noch, wie drei Handwagen in Richtung Biedenkopf über den Berg verschwanden und zwei Bäume waren leer. Ratzekahl leer. Kein einziger Apfel war ihm an diesen Bäumen geblieben. Da die Bäume ja keinen Biedenköpfer Eigentümer hatten, die Wiesen auf denen sie standen aber Biedenkopfer Grund waren, taten die Biedenköpfer so, als gehörten die Bäume zu den Allmendegütern, also zu dem, was jedermann frei aus der Natur als allgemeinem Eigentum entnehmen konnte. Das betraf zwar üblicherweise eher Beeren, Pilze und Kräuter, aber noch bis ins 21. Jahrhundert würde es Menschen geben, die aus unerfindlichen Gründen glaubten, dass Obstbäume, die außerhalb eines Dorfes stehen, keinen Eigentümer haben, sondern zur freien Verwendung für alle da seien. Das war aber zu allen Zeiten falsch. Es gab zwar Bäume, die Biedenkopf für alle angepflanzt hatte; aber wie auch in späteren Zeiten musste bei jedem Baum erst nachgefragt werden, wem er gehörte, um wissen zu können, ob er Allmende war oder nicht. Und die Bäume der Dexbacher Familie Weigel waren mit Sicherheit keine Biedenköpfer Allmende, und das hatte Mattes den diebischen Nachbarn deutlich erklärt.

Er war ihnen nachgeeilt und hatte die vier Frauen und fünf Kinder, die die Wagen zogen, gestellt, mit seinem Stecken tüchtig ausgeteilt und die Diebe so verdroschen, dass die es nicht so schnell vergessen würden. Das Wehgeschrei war so laut geraten, dass mehrere Dexbächer ihm zu Hilfe geeilt waren und sie gemeinsam die Handkarren mit dem geretteten Obst nach Hause hatten in Sicherheit bringen können. Es waren hunderte Äpfel, die Dexbach dieses Jahr nicht fehlen würden. Später würde man denken: nur Äpfel. Aber in diesen Zeiten waren es wertvolle Äpfel, gute Äpfel, essbare Äpfel. Die den Unterschied ausmachen konnten zwischen

Hunger und Sattsein. Zwischen Sicherheit und Not. Zwischen Zukunft und Hoffnungslosigkeit. Die entweder als Nahrungsmittel oder als Geldquelle Dexbach das nächste Jahr sichern würden. Und die Frauen und Kinder aus Biedenkopf, die die Äpfel nicht hatten ergattern können? Die gehörten zu den wirklich Armen der Stadt, sonst wären sie ja nicht den weiten Weg gegangen, nur um Äpfel zu ernten. Die würden nun den Winter über tatsächlich Not leiden. Die hatten nichts, was sie sonst tun konnten, um nicht zu hungern. Witwen waren es und Waisen, die der Gemeindekasse zur Last fielen und durchaus sehen mussten, wo sie blieben. Vielleicht wog der Verlust der Handwagen für sie noch viel schwerer, denn ohne diese konnten sie auch keine anderen Bäume abernten, nicht einmal echte Allmendebäume. Ohne die Karren war ihnen buchstäblich nichts geblieben. Alles noch so Kleine ist wertvoll in solchen Zeiten, sei es ein alter Karren, sei es ein Apfel, sei es eine Buchecker.

Denn um die ging es den Dexbachern ganz besonders. Bucheckern und Eicheln waren das Gold der Wälder. Bäume wurden langsam zum raren Gut in Hessen, und so schnell wie man das Holz benötigte, konnte keines nachwachsen. Wie in den ärmsten Gegenden war man auch in der Nachbarschaft Biedenkopfs, z.B in Wallau, bereits zum Haubergswald übergegangen, auf denen man das Holz auf den Bergen reihum aberntete, und zwar immer aus den selben Wurzeln, die immer aufs Neue ausschlugen. Der Wald in diesen Gemeinden gehörte allen, und alle nutzten ihn zu festgelegten Anteilen. Die Wälder sahen aus, als hätte ein irssinig gewordener Riese die Bäume gepflückt wie Blumen und in die stehengebliebenen Wurzelballen wieder Äste hineingesteckt. Die Stämme, die man auf diese Weise gewinnen konnte, waren nicht dicker als anderswo die Äste alter Bäume; aber zum Heizen war das ausreichend, für die Lattenwände von Schuppen, für Decken zwischen Heuboden und Stall, durch deren Zwischenräume zwischen den Bälkchen man mit einem Haazipper, einem

Heuzieher, das Heu für die Tiere direkt herunter ziehen konnte. Bauholz musste man teuer kaufen, und langsam sah man auch an den immer dünner werdenden Balken in den Außenwänden der zuletzt gebauten Häuser, dass das gute Bauholz in den Wäldern langsam aber sicher zur Neige ging und immer schlechtere Stämme dafür geschlagen wurden. Aber wer musste schon neu bauen; was stand, wurde nicht abgerissen oder falls doch, zu einem neuen Gebäude zusammen gesetzt. Not lehrt Recycling, besser als jeder Appell in reicheren Zeiten. Wer arm ist, der kann es sich schlicht und ergreifend nicht leisten, verschwenderisch zu sein. Später würden Restauratoren einander lehren, dass Not das beste Konservierungsmittel sei. Zu Zeiten des Mattes Weigel war das noch normale Lebenserfahrung.

Gunda trat neben ihren Mann und fasste ihn an der Schulter. Sie ahnte, wie sehr es in ihm kochte. „Du hast doch noch alles retten können. An die anderen Bäume trauen die sich nicht nach der Dresche von gestern!", versuchte sie ihn zu beruhigen. Aber Mattes dachte viel weiter.

„Ach was!", raunzte er seine Frau an. „Die Äpfel bewachen wir notfalls. Aber was wird, wenn die Grenzbegehung, die für Biedenkopf angeordnet worden ist, auch wieder die Nutzungsrechte für den ganzen Grund da oben denen zuschlägt? Dann ernten die ganz legal, was ich gepflegt und über die Jahre erhalten habe. Ich sage dir, wenn das so kommt, dann fälle ich am Tag vorher alle meine Obstbäume mit eigener Hand und streue Salz auf die Wiesen, und wenn ich selbst dabei über Kopp gehe!" Mit ‚über Kopp gehen' bezeichnete man hier in der Gegend nicht weniger als das alles Verlieren, was angesichts der Drohung außerordentlich teueres Salz auf Wiesen zu streuen, um den Boden zu verderben, durchaus realistisch war. Mattes war zu absolut allem entschlossen.

„Und? Was willst du denn nun wirklich tun?", fragte Gunda vorsichtig. Sie wusste: Nichts tun zu können war das

Unerträglichste für den selbstbewussten und immer am eigenen Glück schmiedenden Mattes. Und in diesem Fall war er hilflos, denn er hatte auf nichts Einfluss, was auch immer ihm drohte. Er würde alles einfach hinnehmen müssen. Es gab nichts, was in seiner Macht lag, um das Unheil zu verhindern. Aber in seinem Kopf arbeitete es. Man konnte fast die Bewegung seiner Gedanken hinter der kantigen Stirn sehen, so angestrengt dachte er nach. Und plötzlich schien ihm die Lösung eingefallen zu sein, oder zumindest eine Idee, die für ihn eine Lösung in sich bergen konnte. Denn mit einem Mal änderte sich der Ausdruck in seinen Augen von dumpf brütend zu entschlossen und kämpferisch; sein ganzer Körper streckte sich und er schien um noch einige zusätzliche Zentimeter zu wachsen.

„So geht's!", rief Mattes plötzlich sehr laut, straffte seinen Körper und begann praktisch aus dem Stand loszurennen. Erst ins Haus, von wo in rasender Eile nur noch ein einziges Rumpeln und Tosen zu hören war; dann sprang er die fünf Stufen der Außentreppe zur Haustür mit einem Satz hinunter, wobei er etwas in der linken Hand umklammert hielt, etwas großes weißes; und weiter ging sein wilder Lauf durch das Tor und in einer Staubwolke die Gasse hinunter, die zur Kirche führte. An allen Häusern von Dexbach rannte er vorbei und wo immer er einen Mann im Haus wusste, brüllte er im Vorbeilaufen den Namen und ein kurzes: „Komm mit! Sofort!" Und offensichtlich galt sein Ruf etwas. Immer länger wurde der Zug der rennenden Dexbächer, die Mattes den steilen Weg hinauf in den Wald folgten. Zwar hatte keiner auch nur die Spur einer Ahnung davon, was die Anstrengung bewirken sollte, aber sie vertrauten Mattes einfach, dass der sie nicht völlig ohne Sinn und Verstand dazu gebracht haben würde, sich die Seele aus dem Leib zu rennen. Er würde schon einen Plan hatte. Den hatte er auch wirklich. Er konnte nur hoffen, dass sie nicht zu spät sein würden. Aber eigentlich war das um diese Tageszeit nicht gut möglich, man brauchte ja doch eine ganze Weile von Biedenkopf bis hierher, ins

Tal hinter dem Ralsberg. Und wirklich, er hatte sich nicht geirrt: Schon von weitem hörten sie die Grenzbegehung der Biedenköpfer, geführt von den Darmstädter Beauftragten, die diesen Grenzgang begleiten sollten, um Streitigkeiten schlichten zu können. Die Grenze war zwar in den Augen Darmstadts seit 1536 und dann noch einmal 1682 festgelegt worden, und zwar ausdrücklich mit der Blumenhutsgrenze, also zugunsten Dexbachs und Engelbachs; aber es war zu befürchten, dass die Biedenköpfer doch gerne wieder ihre gesamte Gemarkung als Stadtwald haben wollten und das mit diesem ersten Grenzgang zu untermauern gedachten, was unweigerlich zu ärgerlichem und unter allen Umständen zu vermeidendem Streit mit den Nachbarn führen musste. Und siehe da: Darmstadts Befürchtungen bewahrheiteten sich in diesem Moment. Wie aus dem Nichts brach plötzlich die Schar der Dexbächer Männer aus dem Dickicht und stellte sich der völlig überrumpelten Gruppe in den Weg. Und wie recht Mattes gehabt hatte, konnten alle hören, die gerade anwesend waren: Die Biedenköpfer waren drauf und dran gewesen, die Darmstädter Beamten davon zu überzeugen, dass die Blumenhutsgrenze null und nichtig sein müsse und nur die eigentliche Gemarkung die Grenze bilden dürfe. Zu viel hänge davon ab: Die Waldhute, die Wiesen, die Obstbäume.

Die Obstbäume? Hatte er da tatsächlich richtig gehört? Mattes traute seinen Ohren nicht. Da waren die Nachbarn doch so frech, allen Ernstes sein Eigentum mal eben so mir nichts, dir nichts als das ihre auszugeben! Und diesen Diebstahl sich auch noch amtlich beglaubigen zu lassen! Soeben hatten sie ein großes Lamentieren darüber angefangen, dass Witwen und Waisen aus Biedenkopf bei der Versorgung aus der Allmende doch tatsächlich von Dexbacher Räubern und Beinahe-Mördern überfallen worden seien und nicht nur ohne das für sie lebensnotwendige Obst, sondern sogar ohne ihre wertvollen Handwagen nach Biedenkopf zurückgekehrt seien, kaum noch fähig zu laufen! Man müsse um das Überleben der

Verletzten bangen und das alles nur, weil die Dexbächer die Bäume als ihr Eigentum ansahen, gegen Recht und Gesetz! Aber weiter kamen sie nicht, denn jetzt erhob sich eine Stimme wie ein Donnerschlag. Mattes Weigel stand auf dem Weg, die Linke in die Seite gestemmt und schwenkte mit der rechten Hand das Weiße, das er aus dem Haus geholt hatte.

„Ich werde euch lehren so zu lügen, ihr Diebespack!", brüllte er. „Hier, in diesen Dokumenten steht geschrieben, wem dieser Grund gehört. Die Obstbäume, die ihr zur Biedenköpfer Allmende zählt, gehören mir, meiner Familie, seit Generationen, bestätigt vom Landgrafen selbst!"

„Wie bitte? Ein Dokument von Seiner Landgräflichen Hoheit selbst unterschrieben?", verwunderte sich der leitende Beamte, nahm Mattes die Papiere aus der Hand und ließ sich einen Klappschemel bringen, um sich zu setzen. Mit großer Sorgfalt vertiefte er sich in das Dokument.

Mattes hätte sich gerne gefreut, denn alle Dexbächer um ihn herum fühlten sich schon als sichere Sieger; aber Mattes wurde es in Wahrheit weich in den Knien, denn er verfluchte sich in diesem Moment selbst für seine Sorglosigkeit in der Kindheit. Was hatte der Pfarrer in der Schule sich nicht für Mühe mit ihm gegeben; aber der kleine Mattes hatte nie einsehen wollen, wofür das verhasste Lesen und Schreiben gut sein sollte. Mochte sein Vater ihn jeden Tag wieder verdreschen, wenn es nur Klagen aus der Schule gab; so versteifte sich der Junge nur noch mehr da hinein, dass ein guter Bauer alles wissen konnte, ohne in Bücher zu schauen. Geradezu stolz war er gewesen, als er die Prüfung vor der Gemeinde so irgendwie zusammen bekommen hatte, weil er die biblischen Geschichten wenigstens vom Zuhören nacherzählen konnte; und ein sehr kleines Einmaleins war auch hängen geblieben. Und er konnte seinen Namen lesen und schreiben. Das reichte ihm. Bis heute. Denn er war sich nicht mehr sicher: Waren das die

Dokumente, die er brauchte? Oder würde er sich vor allen Dexbächern und Biedenköpfern bis auf die Knochen blamieren?

Sein Vater hatte ihm diese Dokumentenrolle übergeben und zu treuen Händen anbefohlen; dazu hatte er ihm die Geschichte erzählt, die darin aufgeschrieben war; aber Mattes hatte sie seit des Vaters Tod ja nicht mehr nachlesen können. Konnte er seiner Erinnerung trauen?

Langsam kam der Beamte zum Ende des Dokuments, strich sich behutsam über den Bart, sah die Herren aus Darmstadt bedeutungsvoll an und erhob sich wichtig und schweigend. Prüfend sah er Mattes in die Augen, was dessen weiche Knie nicht gerade fester werden ließ.

„Er weiß, was das ist?“, fragte er den zitternden Bauern mit festem Ton. „Ja, Herr!“, antwortete Mattes und versuchte, seine Stimme nicht zittern zu lassen, was ordentlich misslang. „Das ist das Erbe meines Vaters und Großvaters an Nutzungsrechten am Grund in diesem Tal! Die Apfelbäume gehören mir und sonst niemandem!“

„Nun ja,“, begann der hohe Herr lächelnd, „von Apfelbäumen steht hier freilich nichts! Kein Wort, nicht eines!“ Mattes wurde fast schwarz vor Augen, als er in das immer breiter werdende Grinsen in den Gesichtern aller Biedenköpfer vor sich sah und er spürte, wie die Dexbächer hinter ihm entsetzt von ihm zurückwichen. Alles umsonst! Er hatte sich geirrt. Hätte er doch nur lesen gelernt! Er musste die Papiere verwechselt haben. Da lag ja noch eine Rolle in seiner Lade, da unten in Dexbach, eine Welt weit von hier entfernt. Aus und vorbei. Er hätte hier und jetzt ohne teuren Notar alles regeln können, wenn er nur das richtige Dokument gegriffen hätte. Wenn, ja, wenn. Aber waren die Herren, die jetzt hier vor ihm im Wald standen, erst einmal wieder in Darmstadt, dann war das ein Fall für eine Klage. Dafür brauchten sie dann verpflichtend einen Rechtsbeistand, aber einen Notar konnte sich Dexbach nicht leisten, nicht einmal wenn alle zusammenlegten. Es war vorbei. Dexbach hatte verloren. Und er war schuld daran. Nur er, der faule Schüler von einst. Und wie durch Wolle hindurch hörte er die weiteren Worte des hohen Herren.

„Nein, nichts von Apfelbäumen. Sondern von Buchen. Er hat da eine Kopie eines Teils der Bescheide von 1536, als die jetzige Blumenhutsgrenze schon einmal festgeschrieben wurde, und noch eine Erweiterung dazu; und genau dieses Schriftstück bestätigt Seiner Familie das Recht, die Bucheckern in diesem Gebiet für das eigene Vieh zu nutzen, ebenso wie alle anderen Erträge von Bäumen, die hier von Seiner Familie angepflanzt werden mögen. Und diese Apfelbäume haben damals ohne jeden Zweifel noch nicht hier gestanden. Biedenkopf hat zwar halb recht: Das hier ist vom Grund her Biedenköpfer Grund; aber das Nutzungsrecht für die Erträge des Landes liegt seit 1536 verbrieft bei Ihm und Seiner Familie und damit bei Dexbach; und ich bin sicher, weiter südlich gilt das Gleiche für den Anspruch Engelbachs."

Die Gesichter der Biedenköpfer versteinerten, als Mattes die Besitzrolle wieder in die Hand gedrückt wurde. „Bucheckern, nicht Äpfel! Bucheckern haben Ihn gerettet!", hörte er noch den Herrn sagen, bevor der sich umwandte und den Teilnehmern des Grenzganges beschied: „Dann ist wohl alles geklärt; also weiter entlang der Blumenhutsgrenze, meine Herren!"; woraufhin sich der Zug in Bewegung setzte. Mattes stand noch so unter Schock, dass er die hasserfüllten Blicke der Biedenköpfer Männer nicht bemerkte, nicht einen einzigen. Selbst der eigentlich ohrenbetäubende Jubel seiner Dexbächer Nachbarn, die ihn im Triumphzug den Berg hinunter nach Hause geleiteten, drang kaum zu ihm durch. Er hatte gesiegt, aber nur, weil ihm eine unsichtbare Hand die richtige Rolle in die Hand gegeben hatte.

Mattes war der Held von Dexbach. Von nun an grüßte ihn jeder, alles von früher war weggeblasen, als hätte es nie existiert. Weigels waren jetzt wer in Dexbach. Seine schöne und jetzt noch stolzere Frau Gunda nahm Mattes in den nächsten Wochen abends oft zur Seite und übte mit ihrem großen starken Mann mit den kräftigen Händen Kinderzeug, nämlich lesen und schreiben. Und als erstes Wort lehrte sie ihn, indem er es wohl einhundert Mal schrieb, ohne zu ermüden: die Buchecker.

Steinzeuge aus Oberdieten, Vorderseite.

Steinzeuge aus Oberdieten, Rückseite.

1839: Ein Fest an Steinen

Ein Volksfest kann nicht schaden, auch wenn der ursprüngliche Grund für das Fest eigentlich nicht mehr existierte. Seit 1777 waren die Grenzen mit Steinen markiert, die sich in langen Reihen über Bergkämme und Abhänge, Bachläufe und Wiesen zogen. Dabei verriet ihre Form, in welcher Landschaft sie aufgestellt worden waren.

Je unübersichtlicher die Landschaft, desto größer und auffälliger die Steine. Sie standen immer in Sichtweite zueinander. War die Sicht frei, wie auf Wiesen, dann waren flache Steine ausreichend, die sich kaum über den Boden erhoben. Drohte Strauchwerk und Gestrüpp die Steine zu überwuchern, mussten es große hohe sein. Auf dem oberen Rand gab eine eingemeißelte Linie den Grenzverlauf an, weshalb jeder Stein, der eine Richtungsänderung angab, mit seinem Winkel auf der Oberkante besonders wichtig war. Der Sandstein, aus dem die Steine hergestellt wurden, würde in der Regel für Jahrhunderte halten, denn noch stand der gute, nicht allzu rote, in ausreichendem Maße zur Verfügung. Selbst dreihundert Jahre später würde ein unfassbar genauer Treffer durch eine umgestürzte Eiche Stein Nr. 21 auf dem Gipfelgrat der Sackpfeife nicht zerstören. Die Gestaltung der großen Steine folgte immer demselben Muster: Auf einer Seite stand, gegen wen die Grenze die Stadt Biedenkopf trennte, also GB für den Grund Breidenbach, AB für das Amt Battenberg, GH für die ganzherrschaftlichen, HH für halbherrschaftlichen Wälder der Landgrafen im Amt Biedenkopf, PW und W für Privatwälder[16], EH für Eckelshausen; auf der anderen, Biedenkopf zugewandten Seite

16Bäumner. Grenzgang in Biedenkopf, S. 32

standen die Jahreszahl, meist 1777, dazu BK für Biedenkopf und die fortlaufende Nummer; wobei einmal mit der Zählung neu begonnen wurde, nämlich dort, wo nach einem deutlichen Richtungswechsel ein neuer Abschnitt begann; kurz hinter der Sackpfeife, wo sich die Grenze teilte. Hier spaltete sich der Grenzverlauf auf in die Grenze, die das Gebiet umschloss, das zwar als Grund zur Stadt Biedenkopf gehörte und immer beim Grenzgang abgegangen worden war, aber als Wald und Nutzfläche von den Nachbargemeinden Dexbach und Engelbach genutzt werden durfte; hier ging einerseits die Zählung der alten Steine ununterbrochen fort. Hier spaltete sich aber zum anderen eine zweite Grenze nach Süden ab, die man schon um 1680 „Blumenhutsgrenze“ genannt hatte; sie umschloss den eigentlichen Biedenköpfer Stadtwald.
„Blumenhut“ war dabei ein Missverständnis, denn eigentlich war die Blumenhute gemeint, also das Recht, die Wiesen und Weideflächen für die Hute, den Viehauftrieb, zu nutzen, und das Nutzungsrecht jenseits der Blumenhutsgrenze lag bei den Einwohnern von Dexbach und Engelbach. Hier hatten 140 Jahre zuvor auch die Obstbäume der Familie des Mattes Weigel gestanden. Die waren längst zu alt geworden und hatten weiteren Magerwiesen Platz gemacht. Und langsam breitete sich auch wieder ein niedriger Wald aus. Die Biedenköpfer sahen dem achselzuckend zu. Da ja der Schutz nur des *eigenen* Waldes schon immer der Grund für die Grenzbegehungen gewesen war, war es unnötig, fremdgenutzen Grund abzugehen. „Da Waald es inser!", war seit jeher die Begründung des Grenzganges gewesen, und so folgte auch ab 1839 jede Begehung nicht mehr der eigentlichen städtischen Gemarkungsgrenze, sondern den neugesetzten Steinen entlang der Stadtwaldsbegrenzung. Daher war der Stein Nr. 44 in der Zählung ab Stein 1 am Kleebergsaufstieg gleichzeitig der neue Stein 1 der Blumenhutsgrenze mit ihren deutlich kleineren und schlichteren Steinen, während die alten großen und vollständig beschrifteten Steine in der fortlaufenden Zählung ab Nr. 45 bis 120 aus dem Bewusstsein der meisten Biedenköpfer verschwanden.

Da die Blumenhutssteine aber beidseitig von Biedenköpfer Grund umgeben waren, entfiel hier die Begründung für eine üppige Ausführung; sie waren deutlich kleiner und nannten nur noch auf einer Seite die neue fortlaufende Nummer. Diese verschiedenen Linien an Steinen durchzogen nach 1777 alle Wälder rund um Biedenkopf und sicherten die Grenze jetzt unveränderbar als feste Linie. So hoffte man.

Allerdings sind ja auch Grenzsteine durchaus verrückbar: Einen Stein, den ein Mensch gesetzt hat, kann ein anderer Mensch wieder umsetzen. Eine Garantie musste her, die gewährleistete, dass die Steine tatsächlich den echten Grenzverlauf wiedergaben. Deshalb wachte wie überall ein Gremium, eine eingeschworene Bruderschaft, einiger als ehrenhaft bekannter Männer die das sogenannte Steingeheimnis kannten, über den Grenzverlauf.

Das Steingeheimnis: Das war eine komplizierte, nur von Mund zu Ohr übermittelte Anordnung bestimmter Einzelheiten des Unterbaues unter den einzelnen Grenzsteinen. Vordergründig bestand es aus einer Schüttung aus Schlacken, die scheinbar als Fundament des einzelnen Grenzsteines ins ausgehobene Loch geschüttet wurden und den etwas einfach denkenden Grenzverletzer täuschen sollten; immerhin gab es in Biedenkopf schwarze Eisen- und blau-grüne Kupferschlacken, das ergab schonmal ganz hübsche Muster. Aber Schlackeschüttungen alleine waren viel zu einfach zu fälschen. Sie enthielten in ihren Schichten das eigentliche Geheimnis. In jedes neue Loch unter einem umgesetzten Grenzstein hätte man ja auch einfach wieder Schlacke schütten können. Zwar wäre immer etwas von der krümeligen Masse im alten Loch verblieben, aber wie hätte man das wiederfinden sollen, wenn es einmal zugeschüttet worden wäre? Der Stein hätte trotzdem scheinbar wieder den richtigen Unterbau gehabt.

Nein, das Geheimnis war viel umfangreicher. Es bestand unter anderem aus den so genannten Steinzeugen, kleinen Steinen, in die Buchstaben und Muster eingeritzt wurden, und deren Ritzungen teilweise mit Pasten aus einer geheimen Mischung absolut wetterfest ausgefüllt wurden. Diese Zeugen wurden in wechselnden Tiefen mit unter die Steine gelegt, und schon die Kenntnis der bei diesem Stein einzuhaltenden Tiefe folgte einem nicht schriftlich niedergelegten Muster. Aber nicht nur das: das Geheimnis bestand aus der Kenntnis des komplizierten Wechsels, in welcher Reihenfolge Schüttung und Zeuge unter aufeinander folgenden Steinen lagen; in welcher Himmelsrichtung vom Stein aus der Zeuge zu liegen hatte und in welche Richtung seine drei Achsen gedreht waren. All diese Wechselfolgen kannten nur die Eingeweihten. Selbst die Schüttungen erfolgten in genau festgelegten schichtartigen Wechseln. Unter bestimmten Steinen zeichnete z.B. der Verlauf einer grünen Linie aus Kupferschlacke eingebettet in der schwarzen Eisenschlacke den Grenzverlauf nach, begleitet von einem oder mehreren Steinzeugen. Ob unter den Steinen mit einer geraden Nummer die Schichtungen anders aufgebaut waren als unter denen mit den ungeraden Nummern; ob ein durchgängiges Muster nach 10, 20 oder 50 Steinen wechselte oder wieder von vorne begann; auch das alles war Teil des Geheimnisses. Nichts davon war in seiner Summe fälschbar. Jeder Verdacht einer Steinversetzung konnte so mit absoluter Sicherheit überprüft werden. Es hätte auch nichts genutzt, ein Mitglied einer anderen Steinbruderschaft aus einem anderen Ort zu befragen, denn jede Bruderschaft schuf sich ihre eigenen Regeln und Steingesetze. Niemand von außerhalb konnte es wissen. Und mit dem Aussterben der Bruderschaften würde auch das Wissen darum vollständig und unrückschließbar verschwinden. Teile der rätselhaften Steinzeugen würden Jahrhunderte später in Steinbrüchen oder beim Grabenbau wieder auftauchen und nicht mehr zu erklären sein. Möglicherweise entstammten ursprünglich die bis heute den Mohren begleitenden Sappeure dieser

Steinzeugenbruderschaft, die mit ihren Äxten den Weg zu den Steinen freischlagen sollten, was nur bei genauer Kenntnis des Routenverlaufes möglich war, und deren Schürzen noch Jahrhunderte später davon Zeugnis ablegten, dass sie eigentlich einmal mit der Bearbeitung von Steinen und ihrem Setzen betraut gewesen waren; immerhin entstammten ihre Schürzen doch möglicherweise auch dem Handwerk der Steinmetzen. Und die Äxte hatten vermutlich dazu gedient, den Standort für das punktgenaue Steinsetzen von Bewuchs zu befreien. Aber auch das war später nur noch zu vermuten.

Auch die Kartographie war im Laufe des 18. Jahrhunderts immer zuverlässiger geworden. Die Erstellung von Landkarten war zwar noch immer eine unglaublich schwieriges Unterfangen, da eine Landschaft im Allgemeinen nicht einfach flach wie ein Blatt Papier zu sein pflegt; aber die Wissenschaft der Trigonometrie war allmählich so perfektioniert worden, dass übliche Karten einen Grenzverlauf auch im großen Maßstab auf den Meter genau angeben konnte. Wesentlich verbessert werden würde sie eigentlich erst durch die computergestützte Vermessungstechnik um 2000. Eigentlich gab es also im 19. Jahrhundert keinen Grund mehr, mit der gesamten Bürgerschaft durch die Wälder zu laufen, um nachzusehen, ob die Grenze nicht verrückt worden sei; aber wie gesagt, das war nur eigentlich so. Tatsächlich aber bedeutete die Grenzbegehung längst weit mehr als nur die nützliche Sicherung einer gedachten Linie: Sie stiftete längst Identität, sie verband die Bürger mit ihrer Stadt und schuf ein Gefühl dafür, dass man auch hier, auf armen Böden und in schierer Armut, seit der mechanische Webstuhl die Hausweberei zur brotlosen Kunst degradiert hatte, stolz auf die eigene Leistung, auf die Heimat, auf die Gemeinschaft sein konnte. Aus der Grenzbegehung war der Grenzgang geworden.

Die Armut hatte viele von der oberen Lahn seit vielen Jahren in andere Gegenden verschlagen, aber die Grenzbegehungen waren ein wichtiger Grund, wenn man die Möglichkeit hatte, nach Biedenkopf besuchsweise zurück zu kommen, das zu diesem Anlass auch tatsächlich zu tun. Das Selbstverständnis, ein Wurzelbürger zu sein, begann zu wachsen. Und auch die Nachbardörfer waren längst Teil der Grenzbegehungen geworden. Die Biedenköpfer selbst trugen als Stadtbewohner natürlich keine Bauerntracht; aber jetzt, zum allerersten echten Grenzgang, füllten auch Frauen in den Trachten des Breidenbacher Grundes Ober- und Untergerichts, der Ämter Biedenkopf und Blankenstein und allmählich auch in der vordringenden Marburger evangelischen Tracht die Ränder des Marktplatzes und sahen zusammen mit den Biedenköpfer Frauen, Alten und Kindern, wie sich die ersten Gesellschaften der Männer auf dem Markt versammelten und geordnet auf die Berge und in die letzten Reste an echtem Wald zogen. Die anderen: die Frauen, die Gäste, die Jungen und wer von den Alten noch konnte, folgten ihnen. Zum ersten Mal war es ein Fest um des Festes willen, keine Pflicht mehr, im Grunde ursachenlos; aber aus sich selbst heraus ein Grund für ein nie gekanntes Hochgefühl. Langsam wuchs hier das Gespür dafür, dass man zusammengehörte, als Hinterländer. Immerhin war erst 1811 per Gesetz die Abschaffung der Leibeigenschaft der Bauern beschlossen, dann zum 13. Juli 1813 tatsächlich umgesetzt worden, und erst seit diesem Tag waren die Bauern des Hinterlandes eben in erster Linie Hessen-Darmstädter und nicht mehr Eigentum der Herren zu Breidenbach zu Breidenstein, des Landgrafen oder Großherzogs oder der Wittgensteiner Fürsten; und nicht zuletzt durch ein Fest wie den Grenzgang wuchs dieses Gefühl der neuen Zusammengehörigkeit langsam heran.

„Zusammengehörigkeit" war ohnehin das große Wort dieser Zeit in Deutschland. Die Zeit der Napoleonischen Besetzung war vorbei, der Wiener Kongress hatte 1815 das, was an Kleinstaaterei und

Absolutismus zu retten gewesen war, gerettet, und noch immer bestand Deutschland aus zwar nicht mehr 1731 einzelnen Staaten und Territorien, aber über 600 waren noch immer übriggeblieben. Ein Deutschland im eigentlichen Sinn gab es nicht. Im Grunde hatte es das auch nie gegeben. Es hatte ein gemeinsames gedachtes Übergebäude gegeben, in dem Friesen und Bayern, Hessen und Thüringer, Alemannen und Pommern, ehemals slavische Pruzzen, die man später Preußen nannte und noch immer slavisch sprechende Sorben zusammenlebten, geeint nur von der übergeordnet gedachten Reichsidee des Heiligen, weil nicht mehr heidnischen sondern christlichen, Römischen Reiches, das Karl der Große zu beerben geglaubt hatte. Zu denen, die den Kaiser wählen durften, zu den Kurfürsten also, gehörte der König von Böhmen, in dessen Land mehrheitlich kein Deutsch gesprochen wurde. Deutsch war dieses Reich also beim besten Willen nicht. Erst im 16. Jahrhundert war das Heilige Römische Reich zu dem Heiligen Römischen Reich Deutscher Nation geworden, nicht zuletzt durch das anwachsende Bewusstsein, aufgrund der Sprache, die Martin Luther in seiner Bibelübersetzung erstmals vereinheitlicht hatte, zu einem gemeinsamen Sprachraum zu gehören. Das Reich gab es als Überidee, aber was für ein Reich war das schon? Ein Reich ohne Hauptstadt, ohne Zentrale, ohne eigentliche Existenz. Der Kaiser war immer abhängig von seinen Gefolgsleuten geblieben, bis in Habsburg die Kaiserwürde mit einem starken eigenen Staatsgebilde verbunden wurde. Das hatte aber auf die einfachen Leute keine große Auswirkung gehabt. Anders als in den zentralistisch geführten Staaten Frankreich, England, Spanien, Russland oder Portugal hatte in Deutschland jeder Einzelstaat sein eigenes Geld, seine eigenen Maße, seine eigene Gesetzgebung, seine eigene Realität. Man war nie Deutscher geworden, sondern immer Kasseler oder Darmstädter Hesse, Nassauer, Waldecker, Friese, Bayer oder Preuße geblieben. Und dann hatte 1806 der korsische Franzose Napoleon Bonaparte das alte Kaiserreich aufgelöst und sich selbst zum Kaiser gekrönt. Die Reichsinsignien waren in Wien verblieben und nach der Niederlage Napoleons gab es jetzt zwar einen Kaiser von Österreich, aber keinen deutschen Kaiser mehr. Stattdessen gab es immer stärker das Gefühl der Unterlegenheit. Natürlich, Napoleon war besiegt, das linke Rheinufer gehörte nicht mehr zu Frankreich, in Mainz, Köln, Worms und Speier war wieder Deutsch nicht mehr nur die alltägliche, sondern auch die politische Sprache; aber warum hatte Napoleon eigentlich so leichtes Spiel gehabt? Und warum hatten sich die Könige und Herrscher von Sachsen, Preußen, den beiden Hessen, Bayern, Westphalen und all die anderen eigentlich zusammengeschlossen, um den Korsen zu vertreiben? Die eigentlichen Ideen, die er angeblich zu verbreiten gekommen war, hätten in den Ohren der einfachen Leute, der Bauern und Handwerker, der Tagelöhner, der Bürger und der anderen Mehrheiten, die von jeder politischen Macht ausgeschlossen waren, wie Engelsgesang klingen müssen: Freiheit für alle, Gleichheit für alle, allgemeine Brüderlichkeit als Grundlage des menschlichen Miteinanders. Die Ideen der Revolution, die noch im August 1789 zur Verkündung der Menschenrechte geführt hatten, aber die schon wenige Monate später bis zum Höhepunkt am 21. Januar 1793, der Ermordung der königlichen Familie zutiefst verraten worden waren. Nichts war geblieben von der Gleichheit: Nur waren diesmal die Herren von gestern die Verlierer von heute. Nichts mehr mit Freiheit für alle: Wer gestern Gerichtsherr war, der wurde heute vom Mobb gelyncht, indem man ihn zum Beispiel mit vier Männern packte und ihn mit dem Kopf gegen eine Steinwand rammte. Hauptsache tot, egal ob ganz ohne Urteil oder nach einem verrückten Schauprozess. Die Ideen der ursprünglichen Revolution von Gleichheit, Freiheit und Brüderlichkeit hatten durch La Terreur, die Schreckensherrschaft der Jakobiner, durch die Hinrichtung der königlichen Familie, durch Krieg und Besatzung viel von ihrem Glanz verloren. Wer Kirchen und Dome zu Lazaretten, Pferdeställen und sogar Bordellen machte, der hatte die Bevölkerung der europäischen Länder nicht wirklich hinter sich vereinen können. Und die Herren hatten kein Interesse daran, dass die ursprünglichen Ideale der Revolution zu sehr erlebt, erfahren und gelesen wurden. Und so war Napoleons Niederlage vorherbestimmt. Es gab weiterhin kein geeintes Deutschland, die Zahl der deutschen Staaten blieb bei über 600 und doch waren bestimmte Ideen nicht mehr aus den Köpfen zu bekommen. 1832 waren Turner und Studenten in Württemberg aufs Hambacher Schloss gezogen und hatten eine neue Fahne geschwenkt, gold-rot-schwarz, die schon wenig später zu schwarz-rot-gold wurde, obwohl das bereits als Fahne des kleinen Fürstentums Reuss älterer Linie seit 1820 vergeben war. Und so blieb in ganz Deutschland eine Sehnsucht nach Freiheit, die nicht zu übersehen war, und die die Herren in geordnete Bahnen zu lenken wünschten. Wie gut traf es sich da, dass es solch eine Möglichkeit wie den Grenzgang gab! Die Bürgerschaft feierte sich und ihre Stadt, schon in den Nachbarorten drohte ein, nicht wirklich ernst genommener, ‚Feind', gegen den man sich verteidigen musste, und alle waren drei Tage lang glücklich und unbeschwert. Und da das Fest nicht jedes Jahr stattfand, blieb Gelegenheit genug für Vorfreude. Ein solches Fest musste gefördert werden, und so erwuchs den Biedenköpfern eine ganz eigene neue Tradition aus einer alten Notwendigkeit. Von Stein zu Stein zogen sie vom 26. bis zum 28. August 1839, nachdem am 25. ein Gottesdienst und ein Ball das Fest eingeleitet hatten. Am ersten Tag ging es wie heute auch von der Ludwigshütte zum Hölzbachtriesch, am zweiten von Ludwigshütte über den Hesselgrund bis zum Gonzhäuser Feld, also entlang der späteren Strecke des dritten Tages, und am dritten von der Rauen Wiese bis zum Gonzhäuser Feld, also die Strecke, die später am zweiten Tage gegangen werden würde.[17] Aber schon 1848 würden die Strecken in der Reihenfolge abgegangen werden, wie es bis heute üblich ist. Nur die Festplätze änderten sich. Ansonsten war schon Einiges so, wie man es heute noch kennt. Auch der Mohr wurde bereits gewählt, und offensichtlich war es

17Bäumner, Grenzgang in Biedenkopf, S. 51

ein beliebtes Amt, denn 1848 bewarben sich gleich vier Männer darum.

Ein erstes Bild entstand vom Treiben auf dem Marktplatz 1872, eine Zeichnung aus der Feder von Dr. Leopold Wilbrand, und ganz vorne unmittelbar vor dem Betrachter, ließ er den Mohren tanzen. Dass der Mohr so wichtig blieb, bewies: Biedenkopf war eine treue Stadt. Das Hinterland war sich seiner schwachen wirtschaftlichen Lage bewusst, die von einer starken Regierung abhängig machte, und so legte man den ersten echten Grenzgang bewusst auf den Ludwigstag, den Namenstag des hessischen Großherzogs, der eigentlich der Geburtstag und somit katholische, allerdings nicht gebotene, also verpflichtende, Gedenktag an Ludwig den Heiligen, König von Frankreich, war. In einer Zeit, in der es überall in Europa zu brodeln begann und die Unruhen von 1848 spürbar ihre ersten Zeichen über die Länder des Kontinents warfen, blieb das Hinterland erstaunlich ruhig, und damit konnte man sich des Wohlwollens aus Darmstadt sicher sein. Die Landgrafen waren in früheren Zeiten nach Biedenkopf gekommen, um zu jagen und hatten mit ihren Gästen in ihrem privaten Besitz, dem Schenkbarschen Haus, residiert. Dabei hatten sie, wenn einer am Hof lebte, ihren Mohren mitgebracht, der die Macht und Bedeutung des Landgrafen verkörperte. An diesen Mohren erinnerten sich die Bürger noch lange als Zeichen der Anwesenheit des Hessischen Hofes in ihrer Stadt. Und machten ihn zum Teil ihres Grenzganges. So wurde aus dem Mohren, dem früheren Symbol für den Darmstädter Hof und damit die Macht des Landgrafen und späteren Großherzöge ein unverzichtbares Zeichen für den Grenzgang als Fest des Hessischen Hinterlandes.

Von der Grenzsicherungsbegehung war nichts mehr geblieben. 1821 hatte man zum letzten Mal die fest eingemessenen Steine an drei Tagen zu Kontrollzwecken abgegangen; jetzt, achtzehn Jahre später, war es ein fröhliches Fest mit Festzelten und Tanz, Musik und Essen und Trinken. Es war ein Fest der Bürger für sich und ihre Gäste geworden, ein einziges Fest der Freude. Wer glaubte, dass man die Grenze gegen den Breidenbacher Grund noch verteidigen musste, der hatte offensichtlich die vielen Frauen in der Tracht des Untergerichts des Breidenbacher Grundes auf dem Marktplatz zwischen Hospitalkirche und Stadt übersehen. Alle waren willkommen, alle gingen mit und feierten mit. Noch gab es keine echten Männergesellschaften, erst recht noch keine dazu gehörigen Burschenschaften, und absolut erst recht noch keine Marrercha der Burschen; das alles würde erst noch aus den Festen der kommenden Jahrzehnte erwachsen. Aber eine Wurzel war gelegt, eine starke Wurzel, die aus dem steinigen Boden erwuchs, der den Menschen hier alles abverlangte. Eine Wurzel, die sich fest klammerte an eigentlich 275, nummeriert 273 Steinen, die viele der Grenzgänger fast zärtlich berührten, Stein für Stein, um sie sich doch einzuprägen, allen Karten und Vermessungstechnikern zum Trotz. Alle gingen mit, sobald sie es konnten und solange sie es konnten. Die Eltern zeigten ihren Kindern jeden einzelnen Stein und die ihren Kindern, als aus den Kindern Eltern geworden waren und alle verabredeten sich mit den Steinen und versprachen ihnen, sie beim nächsten Mal wieder zu berühren, wieder zu grüßen wie alte Freunde, in sieben Jahren. Ein langer Zug begann da 1839, und es war nicht nur ein langer Zug durch die Wälder und über die Höhen; nein, es war ein noch viel längerer Zug durch die Zeiten und Generationen, der damals begann, und bis heute zu keinem Ende gekommen ist. Warum sollte er auch? Er war und blieb ein Fest der Freude, des Friedens und der Gemeinschaft. Und alle waren dazu eingeladen. Selbst die, gegen die man einst die Grenze so erbittert verteidigt hatte. Und eingeladen würden alle bleiben. Durch alle Zeiten hinweg. Auch die, die dem Grenzgang aus welchem Grund auch immer feind waren. Sie würden es nicht bleiben, hätten sie ihn einmal mitgefeiert. Sie würden es sich nur erlauben müssen, einmal Teil zu haben an einem Zug durch Jahre und Zeiten, einem Zug durch Stadt und Wald.

Die Pyramide von Biedenkopf.

1886: Die neuen Herren

Zeiten gehen und kommen und mit ihnen ändern sich die Lebenswirklichkeiten. Wie die Menschen geboren werden, in der Mitte ihrer Kraft stehen und dann sterben und vergehen, so verhält es sich auch mit großen und kleinen Staaten, sogar mit Weltreichen. Manche Staaten sterben langsam; und wie ein Mensch im Alter seine Haare verliert, so verlor auch Hessen Darmstadt Gebiete und Menschen. Das Hinterland war nicht mehr das Hessische Hinterland. 1866 hatte sich Hessen-Darmstadt am Krieg Österreichs gegen Preußen beteiligt, auf der Seite Österreichs, der späteren Verlierer. Preußen hatte Wiedergutmachung verlangt und unter vielem Anderem das Hinterland erhalten. Da fand zusammen, was nicht zusammengehörte. Treu konnten die Hinterländer sein, und waren es Darmstadt gegenüber auch gewesen, wenn man ihnen dort die Luft zum Atmen ließ und in der Hauptstadt manchmal lernte, eine Hinterländer 5 zu den geraden Zahlen zu rechnen. Aber was konnte weniger preußisch sein, als solche Ideen? Preußen war Zucht, Preußen war Ordnung, Preußen war Zuchtmeister, Preußen war Unterordnung. Auf Gegenliebe konnte das nicht treffen in einem Landstrich, der so lange unter so wenig Regiment gewesen war. Hessisch-Sibirien war das Hinterland geworden. Es war verarmt, nachdem der mechanische Webstuhl Armut und Elend über die Webergegenden Europas gebracht hatte, und wer hierher versetzt wurde, der musste schon einiges auf dem Kerbholz haben. Die Guten im Staatsdienst, die schickte man nicht hierher. Wer hierher kam, der sollte hierher passen. Armut macht erfinderisch und manchmal kriminell, so wie die Posträuber aus Kombach, die am 19. Mai 1822 zu plötzlichem Reichtum kamen, als sie in der Subach einen Geldtransport mit Soldgeldern überfielen.

10.466 Gulden Beute waren viel Geld, und das verteilte sich überaus weit, viel weiter als nur in den Familien Briel, Geiz, Wege, Soldan und Acker, den Familien der Räuber selbst. Und siehe da, es sollte noch in späteren Jahren Familien geben, die Münzen aus dem Überfall vorzeigen konnten. Hätten sie nicht so mit dem Geld Staat gemacht, sie wären wohl nie gefunden worden, denn wer hätte sie verraten sollen? Am 7. Oktober 1824 starben fünf der acht in Gießen durch das Schwert, wobei Vater Geiz erst mitansehen musste, wie seinen drei Söhnen der Kopf abgeschlagen wurde, bevor er als Letzter gerichtet wurde. Ein solcher Landstrich war das Hinterland also, gewiss nicht das beste Stück Hessen, das Preußen sich hätte versprechen können.

Aber die Preußen waren gewohnt, sich die Welt so herzurichten, wie sie sie wollten und brauchen konnten. Ein preußischer Landrat hatte vor dem Brunnen auf dem Viehmarkt, dem Markt der Unterstadt, gestanden und laut verkündet, bisher sei hier Hinterland gewesen, er werde daraus Vorderland machen, was aus der nicht begeisterten Bevölkerung den Ruf provoziert hatte: „Es hot noch kaaner fum Orsch a Gesecht gemoocht!" Irgendwer übersetzte dem Herrn aus Potsdam diesen Satz in einer ihm gänzlich unverständlichen Sprache, der nichts anderes besagte, als das aus Hinterteilen keine Gesichter gemacht werden könnten, was die Stimmung zwischen Hinterländern und neuen Herren nicht wirklich verbesserte. Wirklich warm wurden sich Preußen und Hinterländer nie, solange das erzwungene Bündnis anhielt, aber die Preußen waren fest entschlossen, sich, wenn schon nicht beliebt, dann doch unentbehrlich zu machen, und durch Tüchtigkeit und Effizienz das Hinterland tatsächlich nach vorne in die Zukunft zu bringen; die rebellischen Mittelhessen also zu ihrem Glück zu zwingen, wenn die es partout nicht geschenkt haben wollten. Und tatsächlich war die Verbindung von preußischer Ratio und Hinterländer Fleiß durchaus erfolgreich und brachte eine wirtschaftliche Blüte, die das Hinterland in den letzten 150 Jahren so nicht mehr erlebt hatte. Der Bau der Eisenbahn durch das Lahntal ermöglichte den Anschluss an die Welt, und die Eisenindustrie im Hinterland produzierte in ihren zahlreichen Eisenhütten wunderschöne und gut gebaute Öfen, die sie bis weit außerhalb der Grenzen ihrer Heimat verkauften. Junge Männer gingen zu den Soldaten und brachten neue Ideen und neue Weltsichten mit in die Heimat, und auch durchaus so manche junge Frau. Das Hinterland blühte auf und es war lohnend hier zu leben. Das Gesicht der Stadt wandelte sich, rund um den unteren Markt wurden die Häuser mit Erkern und Balkonen verziert, es kam Geld in die Gegend und man war wieder stolz darauf, Hinterländer zu sein. ‚Hinterland' verlor in den Ohren der Hiesigen endgültig jeden Schimmer von Schimpfwort; nein, man war stolz darauf.

1871 war eigentlich turnusmäßig ein Grenzgang geplant gewesen, aber aufgrund einer Missernte und wohl auch, weil Preußen ihn eigentlich nicht wünschte und so keinerlei Unterstützung zuteilwerden ließ, fand er in diesem Jahr nicht statt, wurde aber im nächsten nachgeholt. 1871 hatte es die Idee gegeben, den geplanten Grenzgang durch eine Viehschau samt Prämierung und Verlosung mit dem Landwirtschaftsfest zusammen zu legen. Der Grenzgang wurde abgesagt, das Landwirtschaftsfest fand statt. Warum hätte Preußen einen hessischen Grenzgang auch unterstützen sollen? Er erinnerte in allem an die Hessische Zeit, und die sollte ja vorüber sein. Und vor allem: Vergangenheit bleiben. Hessisch blieb das Datum, denn auch 1872 war Grenzgang am 22., 23 und 24. August, also einen Tag vor dem Ludwigstag. Dabei war doch eine neue Zeit angebrochen: 1866 war Hessen-Darmstadt dem Deutschen Bund beigetreten, und noch viel wichtiger: Am 18. Januar 1871 hatte der preußische Ministerpräsident Otto Graf von Bismarck-Schönhausen im Schloss von Versailles Wilhelm I., König von Preußen, zum Deutschen Kaiser ausgerufen. Deutsch sollten jetzt die Feste sein, nicht mehr hessisch oder badisch, bayerisch oder sonst wie. Deutsch. Deutsch allein. Ein Grenzgang wurde nicht mehr benötigt, war nicht mehr erwünscht. Und doch fand er statt. Und zum ersten Mal in preußischer Zeit wieder mit allen, die dazugehörten, auch mit dem Mohr, der jetzt besonders wichtig wurde. Die Preußen, die sich außerhalb Preußens zwar Bewunderung aber keine Liebe erwerben konnten und wohl auch gar nicht Wert darauf legten, gemocht zu werden, mussten in ihren neuen Territorien ja viel erdulden. In Köln rieben jedes Jahr zu Karneval Bürger in eindeutig preußisch anmutenden Uniformen öffentlich die Hintern aneinander und verhöhnten so den Kern des preußischen Staates und Selbstverständnisses, nämlich das Militär, und hier im Hinterland tanzte beim Grenzgang ganz offen der Mohr der hessischen Landgrafen. Es mochte kein weiß-roter Löwe mehr über Biedenkopf wehen, aber hier war noch immer Hessen, nicht Preußen. Und die Landgrafen waren die gewesen, die die Mohren mit nach Biedenkopf gebracht hatten.

Der stolze Mohr stand für den Hof Darmstadts, auch wenn man dem Landgrafen vom Löwen auf dem Oberstadtbrunnen immer die Zunge hatte herausstrecken lassen. Lieber unter einem Landgrafen oder Großherzog als unter einem König von Preußen leben. Der Hinweis war nicht schreiend deutlich, aber jedem klar, der in Gesellschaften und Burschenschaften, die sich gerade zu entwickeln begannen, organisiert war: Birrekopp es hessisch, mer sai de Stoodt, un da Waald es inser. Und so organisierten sich auch hier die Bürger als eigene Truppen, ganz ohne offizielles Militär, mit Befehlen und Marschordnung unter Führung eines Bürgerobersten, nicht mit Gewehren, sondern mit Säbeln, die man Gewehr nannte, und die oft genug noch die Säbel der Väter und der jungen Männer waren, die sie im Krieg 1866 gegen Preußen im Namen Darmstadts getragen hatten. Sie waren und blieben Hessen, die Birrekepper, und der Mohr war das Zeichen dafür. Und solange der Löwe in den Herzen der Biedenköpfer weiß-rot war oder wieder über Biedenkopf wehen würde, solange würde der Mohr in ihrer Stadt und in ihrem Wald tanzen. Selbst die Fahnen der Gesellschaften waren oft nicht wirklich schwarz-weiß-rot; oft überwog noch immer das rot und weiß, schwarz war oft nur die Schrift. Und gab es eine schwarz-weiß-rote Vorderseite, blieb ja noch die Rückseite. Nein, das konnte in Preußen keine Freunde finden.

Aber tatsächlich schwand in der Bürgerschaft der Sinn für die Bedeutung der Feier des Eigenen. Eine kleine Gruppe um Carl Brühl und Carl Pfeil jun. legte erst 1881 den Grundstein für den Grenzgangsverein; eben um den Carl Pfeil, der auf dem Schloss auch das Hinterlandmuseum ins Leben rufen würde. Und so ging 1886 doch wieder ein Grenzgang hinaus. Ob Preußen es verstand? Es war ein hessischer Sieg. Und den Siegeszug an führte der Bürgeroberst, und unbeeindruckt tanzte der Mohr, als erster nach der neuen Art, Carl Pfeil.

Margarethe Achenbach stand auf dem Marktplatz und sah ihm zu, dem Mohren, wie er da schwarz geschminkt seine Runden drehte, den Säbel schwang und die Kinder erschreckte. Nun ja, er erschreckte sie nicht wirklich, denn keines der Kinder hatte vergessen, dass er einem jeden von ihnen am Morgen des ersten Tages eine Brezel geschenkt hatte. Aber es machte doch zu sehr Spaß, schreiend wegzurennen, wenn der große Mann mit dem nachtschwarzen Gesicht und der schwarzen Uniform mit goldenen Knöpfen und Tressen daran auf sie zukam.

Marga war gar keine Biedenköpferin, sondern aus Wallau und stand da in der Tracht des Untergerichtes des Breidenbacher Grundes. Zusammen mit ihrer Schwägerin, Lisbeth Pitzer aus Obereisenhausen, die nach Wallau geheiratet hatte und dort wie üblich noch immer ihre Heimattracht, die des Obergerichtes des Breidenbacher Grundes, trug, sah sie dem Treiben auf dem Marktplatz zu. Gerade zog ein Zug fahnenschwenkender Kinder an den beiden vorüber. Lisbeth hielt ihren kleinen Johann an der Hand, der mit seinen drei Jahren zwar viel zu klein war, um mitzulaufen, aber wie sollte man das einem derartig begeisterten Hosenmatz erklären? Es war aber auch ein Leben: Musikkapellen spielten, Trommler schritten die Menge ab, Reiter hielten ihre Pferde im Zaum und Fahnenträger ließen die großen bunten gestickten Stoffbahnen über den Köpfen der Feiernden kreisen. Ein Ehrentor mit dem Schriftzug „Heil dem Grenzgang!“ grüßte alle Gäste und der Markt fasste kaum die Menge der Begeisterten. Und eines fehlte auf dem Festplatz, was in Preußen eigentlich hätte da sein müssen: Es war kein Militär zu sehen. Hier feierten Bürger mit Gästen. Ein friedliches Fest, ein freudiges Fest. Krieg würde Preußen noch genug bringen, das Hinterland blieb im Herzen hessisch. Und weiter tanzte der Mohr, der einst die Landgrafen zu ihren Jagden mit ausländischen Gästen nach Biedenkopf begleitet hatte, und Preußen konnte nichts dagegen tun. Immerhin trug der Mohr ja Uniform. Wenigstens einer.

Marga sah sich um. Ja, so etwas gab es nicht allzu oft zu sehen. An Festen bot das Jahr über ja die Kirmesfeste in allen Dörfern und Städten, und dafür hatte die Tracht ihre eigenen Schürzen und Wämster, um sich herauszuputzen, aber das hier? Hier war so viel Leben wie auf allen Kirmessen des Hinterlandes zusammen.

Und da drüben, da stand er, der Biedenköpfer, für den sie eigentlich gekommen war. Hermann Michel, ein strammer Bursche aus der Oberstadt; ein richtiger Kerl, ein Handwerkersohn, der selbst Geselle war und wie man hörte in der Ausbildung zum Meister stand; einer, der wusste, wie man es im Leben zu etwas bringt. Und dazu noch einer der hübschesten Burschen in Biedenkopf überhaupt. Augen genauso haselnussbraun wie ihre, dunkelbraune Haare, während sie flachsblondes Haar unter ihrem Stilpchen barg; große feste Hände; ein bisschen schmal in der Brust, aber mit geradem Rücken; sie selbst war ja auch stark und konnte arbeiten; das musste schon etwas werden, wenn sie nur wüsste, wie sie an ihn kommen sollte?

Aber sie wäre nicht Margarethe Achenbach, wenn ihr nicht etwas einfallen würde. Da war sie sich sicher. Sie galt als allgemein frech und nicht auf den Mund gefallen, besonders für eine junge Frau von gerade einmal 18 Jahren. Wenn sie etwas haben wollte, dann hatte das bisher in ihrem Leben immer, aber auch wirklich immer geklappt. Und so sollte das auch bleiben. Also warf sie noch einen nicht wirklich verstohlenen Blick zu dem hübschen jungen Mann hinüber; einen Blick, der dermaßen unverstohlen war, dass Hermanns Freunde ihren Kamerad in die Seite stießen und auf die Wallauerin aufmerksam machten, die ihn für die Zeit völlig untypisch offen anschmachtete. Die Burschen grinsten, Hermann wurde rot und versuchte wegzuschauen, und Marga grinste jetzt über das ganze Gesicht. Lisbeth hatte die ganze Szene höchst interessiert verfolgt und sich ganz nah zu Marga gestellt, mit der sie jetzt die Köpfe zusammensteckte und zu den Burschen hinüberschauend kicherte. Das wurde Hermann deutlich zu viel, und der löste sich vom Stamm der jungen Linde, an die er sich bisher angelehnt hatte, und ging mit eindeutig verärgertem Gesichtsausdruck schnellen Schrittes den Kottenbach hinauf, möglichst schnell weg von den kichernden Frauen. Es passte dem 23jährigen gar nicht, dass eine Frau ihn öffentlich so blamierte. Das gehörte sich nicht. Er, der Mann, musste die Frau erobern, auf sich aufmerksam machen, sie umwerben und dann als Sieger aus dem Wettbewerb mit allen anderen Burschen hervorgehen, bewundert von den Nachbarn und besonders von der Frau, die das Glück hatte, ihn ehelichen zu dürfen. So musste es gehen, nicht anders herum. Wie sah das denn aus? Als ob er ein Schwächling wäre, der keine abbekommen könnte! Den sich die Frau aussuchen konnte wie ein Kalb auf dem Stünzelfest[18]! So, als ob sie dann im Haus die Hosen anhaben würde! Na warte, diese Wallauerin konnte etwas erleben, wenn sie ihm im Laufe des Grenzganges noch ein einziges Mal unter die Augen kommen würde! Das würde im Untergericht, in den

---

18Ein bis heute existierender Viehmarkt in Wittgenstein

Ämtern und in der Stadt Biedenkopf Gesprächsstoff für Jahre geben! Danach würde ihn keine Frau mehr so unverschämt anlachen, vor aller Augen. Und mit diesem festen Entschluss in der Brust begann es, dass Hermann Michel geradezu Ausschau hielt nach der unverschämten Wallauerin in ihrer sauberen Tracht mit den festen Bügelfalten; mit den leuchtend flachsblonden Haaren und den blitzend weißen Zähnen, den roten Lippen und den Grübchen auf den Wangen, wenn sie lachte; dazu mit wunderschönen haselnussbraunen Augen und einem zarten Hauch roten Schimmers auf den Wangen. Ja, Hermann Michel aus Biedenkopf suchte nach Margarethe Hainbach aus Wallau, um ihr tüchtig seine Meinung zu sagen, nämlich die,…

…dass sie unbedingt die Seine werden musste. Marga aber war nicht so eine. Sie ging die drei Tage des Grenzganges brav mit und am ersten Tag ließ sie sich auf dem Frühstücksplatz von Hermann ansprechen, nicht mehr. Am zweiten ließ sie sich von ihm zu einem Bier einladen, nicht mehr; und erst am dritten Tag folgte sie ihm in das Tanzzelt auf der Bleiche, nicht einen Tag früher. Und ein halbes Jahr später war schon Hochzeit, und im frühen Mai des folgenden Jahres wurde die Tochter Elisabeth geboren. Es war ja eine anständige Zeit, in der man noch wusste, was sich gehörte.

Es folgten noch vier Töchter, Maria, Hedwig, Lisbeth und Käthe, von denen Maria und Käthe ihren zehnten Geburtstag erlebten; und dann endlich, im siebten Jahre nach dem letzten Grenzgang, kam im September der ersehnte Sohn, Albert, zur Welt. Marga hielt ihn überglücklich in den Armen. Er war die Krönung ihres Lebens, das so unerwartet verlaufen war. Als Tochter eines nicht sehr großen Bauern aus Wallau geboren, auf dessen heutigem Besitz noch sein eigener Vater, Margas Großvater, als Leibeigener geboren worden war, hatte sie einen fast unglaublichen Aufstieg geschafft. Sie verstand es zu wirtschaften und war mit ihrem Mann zusammen ein gut eingespieltes Team, das es in Biedenkopf zu Ansehen und einigem Reichtum gebracht hatte, einschließlich eines stattlichen Neubaus in der Bahnhofsstraße. Marga trug zwar jetzt als angesehene Handwerkerfrau in der Stadt seit ihrer Hochzeit keine Tracht mehr, verwahrte sie aber immer gut in einer fein bemalten Truhe. Nach ihrem Tod gaben ihre Töchter sie aufs Schloss, in die Sammlung des Museums, das Carl Pfeil jun. dort gegründet hatte.

Und Biedenkopf lebte sein Leben weiter im Rhythmus der sieben Jahre, und es schien als könnte nichts diesen neugewonnenen Rhythmus jemals wieder zum Erliegen bringen. Die Stadt hatte ihren Herzschlag gefunden. Einen langsamen, aber beständigen Herzschlag, der alle sieben Jahre einen höchst kräftigen Ausschlag auf dem EKG des Lebens zeigte, und einen zweiten neun Monate später. So hätte es immer weiter gehen können.

[illegible]
[illegible] Oberstadt
te sich hieran als zweithöchste
mit ihrem Überschuss von M. 126.32
(Einhundertsechsundzwanzig M. 32 Pf.)
Unsere Brüder zogen nachein-
ander nun, zum großen Teile,
unter den Klängen der, in den
Versammlungen viel gesungenen
Vaterlandslieder, hinaus ins
Feld für Kaiser und Reich. Möchte
dieser Krieg nun bald mit einem,
für unser Vaterland ruhmvollen
Frieden enden, damit dann in
späterer Zeit ein noch schönerer Kranz-
chen im Lindenkopf gefeiert werden
kann.

Adolf Müller
Schriftführer.

1914 Wir werden kurz verschieben

Wie immer war alles im Wandel. Die Erde dreht ihre Runden im All, und mit jedem Tag, mit jeder Sekunde wandelte sich das Leben. Nur die Menschen glauben daran, dass es Beständigkeit und Verharren gäbe, denn steter Wandel versteckt sich unter dem Schleier der Gewöhnung. Erst in der Rückschau wird klar, was alles sich heimlich still und leise verändert, sich manchmal ins Gegenteil der erinnerten Normalität verkehrt hatte. Wie sagte doch schon der Prediger Salomo? „Alles hat seine Zeit, und alles Vornehmen unter dem Himmel hat seine Stunde." Die Erde drehte sich weiter um sich selbst und um die Sonne, und unbemerkt von den Menschen stieg eine völlig neue Zeit herauf. Es war das letzte Jahr der alten Zeit. Und viele würden die neue nicht mehr erleben.

Die alte Zeit war glanzvoll, zumindest in Europa. Zum ersten Mal lebten alle Deutschen in einem einzigen Staat zusammen, zwar ohne Österreich, aber das ließ sich erstaunlich schnell verschmerzen. Es gab jetzt eben zwei Kaiser, den deutschen und den österreichischen. Das Deutsche Kaiserreich sonnte sich seit 43 Jahren im Glanz seiner Macht und seines wirtschaftlichen Erfolges. Die als Erbfeinde betrachteten Franzosen waren 1871 geschlagen und aufs Tiefste gedemütigt worden, als das Kaiserreich ausgerechnet im Spiegelsaal des Schlosses von Versailles ausgerufen worden war, im Prachtsaal des französischen Königs, der seinerzeit alle deutschen Kleinstaaten zusammen in seinen überragenden Schatten gestellt hatte, Ludwig XIV., der Sonnenkönig; aber jetzt, lange nach der Besetzung durch Napoleon und der dauernden Gefahr des Exports der Revolution, war Deutschland dabei, Frankreich zu überflügeln. Die Gründerzeit

hatte den Ruf deutschen Unternehmergeistes in der ganzen Welt berühmt gemacht, deutsche Firmen und Erfindungen prägten diese Zeit. Namen wie Benz, Diesel, Krupp, Charité, Semmelweis, Koch und Siemens hallten in der ganzen modernen Welt wieder. Europa war das Maß aller Dinge. Das Kino veränderte die Sicht auf die Realität, die Photographie wurde für viele bezahlbar und veränderte das Bild des Menschen von sich selbst; Züge verbanden die Städte des europäischen oder amerikanischen Kontinentes untereinander und machten es zum ersten Male notwendig, dass in einem Land eine einheitliche Zeit galt. Bisher war an jedem Ort Mittag gewesen, wenn die Sonne an diesem Ort am höchsten stand, und das war in Ostpreußen deutlich früher als in der Eifel; aber die Eisenbahn konnte so keine Fahrpläne erstellen. Also musste eine einzige Zeit her, und plötzlich war es in Königsberg 12 Uhr, wenn es auch in Aachen Mittag schlug. Eine Revolution. Eine industrielle, eine wirtschaftliche und eine kulturelle.
Allerdings mit einem kleinen aber wichtigen Schönheitsfehler: Deutschland kam sich auf der großen Weltkugel viel zu klein vor. Spanien, Portugal, Frankreich und England, selbst Belgien und die Niederlande hatten die Erde unter sich aufgeteilt. Kolonien auf dem ganzen Globus machten sie auf Landkarten groß und einflussreich und ihre Sprachen weit wichtiger als das Deutsche. Spanisch, Portugiesisch, Englisch und Französisch musste man können; mit Deutsch kam man nicht weit. Also sammelte Kaiser Wilhelm II. noch an freien Kolonien ein, was zu bekommen war, Togo und Deutsch-Südwest oder Ostafrika, Papua und das Bismarckarchipel; selbst ein Stückchen China um Tsingtao war nach der Niederschlagung des Boxeraufstandes zu ergattern gewesen. Das war zwar nicht viel, aber von jetzt an konnten sich auch Deutsche zu den echten Herrenmenschen der Welt rechnen. Ihnen stand die Welt offen, solange sie jung und männlich waren. Dann war es ein goldenes Zeitalter voller Versprechungen auf die Zukunft.
Diese Grundstimmung übertrug sich im ganzen Reich bis in die letzten Winkel; selbst ins Hinterland.

Auch hierher, nach Biedenkopf. Hier am Waldrand auf dem Eschenberg lag heute das Glück ganz offen herum, man musste nur die Augen öffnen und es in sich aufnehmen. Und heute war Albert Michel glücklich und genoss das Leben in vollen Zügen. Er hatte in diesem Jahr seine Lehre als Spengler abgeschlossen, und siehe da, seine Angebetete Anneliese Christ war so interessiert an ihm wie er an ihr. Drei bis vier Jahre ranklotzen und sparen, und eine Heirat rückte in greifbare Nähe. 1918 konnte sie schon die Seine sein. So ein Zeitraum war überschaubar. Das Leben war einfach herrlich. Ein schöner Sommer lag über dem Land. Die Bauern waren auf den Feldern und mitten in der Maht des Getreides, die Hitze waberte über den Wäldern und alles Leben freute sich. Die Luft roch nach frühem Sommer und nach noch etwas. Etwas lag in der Luft, etwas Aufregendes: Eine neue Zeit, eine neue Ordnung, eine Weltordnung. Vor allem die jungen Männer waren ganz in Beschlag genommen von dem, was laut den staatlichen Beamten, Lehrern, Pfarrern und älteren Leuten unausweichlich kommen musste. Es roch nach Abenteuer und Bewährung, nach Aufbruch und grandioser Veränderung.

Albert hatte in der Schule von den Kolonien gehört, vom Kampf gegen menschenfressende Kannibalen auf Papua und in der Südsee, von großen Heeren schwarzer Häuptlinge in Deutsch-Südwest, von brandschatzenden Horden der Herero und Nama, von tapferen Soldaten, die Heldentaten bei der Jagd auf die Feinde vollbrachten und die Zivilisation zu den Wilden brachten. Er glaubte das alles allen Ernstes. Und träumte vom Lohn, der dem Tapferen und Mutigen winkte: einer riesigen Farm, exotischen Früchte jeden Tag, Kaffee von der eigenen Plantage, Geld, Einfluss. Das konnte man auch als junger Handwerkersohn aus dem Hinterland erreichen, wenn man sich anstrengte und das Risiko nicht scheute. Mit seiner Anneliese an seiner Seite würde er schon ein guter Kolonist werden. Aber erst einmal war Grenzgang. Dann sah man weiter. Denn Albert war ein Bursche der Oberstadt und stolz darauf.

Heute war der große Tag, heute wollte er die wichtigste Frage seines jungen Lebens loswerden. Eigentlich wollte er... heute... hier... eigentlich. Aber es war wie verhext: Es wollte kein Ton über seine Lippen kommen. Anneliese saß da so zauberhaft im Gras und hatte begonnen, einen Kranz aus den Sommerblumen zu winden, die wie in einem Bild rings um sie herum wuchsen.

Albert fühlte, wie sein Hals trocken wurde, je länger er Anneliese betrachtete, die lächelnd so tat, als bemerke sie nichts. Aber aus den Augenwinkeln sah sie doch ein wenig zu oft zu ihm herüber und lächelte dann immer noch mehr, wenn sie sich wieder ihren Blumen widmete. Albert hatte heute Morgen noch mit seiner Mutter Marga gesprochen, die vor 28 Jahren, vor vier Grenzgängen, seinen Vater, Hermann Michel selbst auf dem Grenzgang in Biedenkopf auf dem Marktplatz ‚gefunden' hatte, wie sie es schelmisch grinsend ausdrückte. Und auch sein Vater hatte nur breit dazu gelächelt, aber Genaues war da nicht heraus zu bekommen gewesen. Wie sollte er es denn dann hinbekommen, seine Anneliese zu erobern, wenn die eigenen Eltern aber auch so gar keine Hilfe dabei waren?

Mutter Michel hatte nur gesagt, dass ein Grenzgangsjahr ein gutes Jahr zum Freien sei, und er, Albert, werde das schon hinbekommen. Anneliese wolle ihn sicher, sie spüre das, und er solle sich nur keine Sorgen machen. Sorgen verdürben die beste Suppe, sagte sie immer. Und er solle es langsam angehen und ja nichts anbrennen lassen mit Eile und Hektik. Immer redete sie in Bildern aus der Küche, aber das nutzte hier nichts, denn Albert wäre ein ungeheuer schlechter Koch gewesen. Er wollte immer schnell fertig werden mit allem, aber Wasser kocht nun einmal durch daneben stehen und ungeduldig mit den Fingern auf der Tischplatte klopfen ebenso wenig schneller, wie man Gras schneller wachsen lassen kann, wenn man daran zieht. Albert hätte geklopft und gezogen. Ihm konnte es nie schnell genug gehen. Und der Grenzgang war im dritten Wochenende im August und heute war erst der 28. Juni. Albert wusste gar nicht, was das sollte, dass er sich so merkwürdig vorkam und sich benahm, als sei er nicht ganz bei Trost. Aber sein Problem war ein typisch Biedenköpferisches: Er war Bursche der Oberstadt und seit über einem Jahr der Anneliese versprochen, auch wenn sie sich immer so benahm, als sei sie sich noch nicht sicher. Und Albert wollte endlich sichere Patente. Aber: Nach einer Hochzeit war er kein Bursche mehr, war aber noch nicht in die Männergesellschaft eingetreten. Was dann? Als was hätte er mitlaufen sollen, als verheirateter Bursche, was immer so ein bisschen merkwürdig aufgenommen wurde, oder doch als vollwertiger Mann, der aber dann nicht mehr zum letzten Mal mit seinen Burschenkameraden feiern konnte? Für Albert ein echtes Problem. Es waren ja noch sechs Wochen bis zum Grenzgang! Bis dahin konnte die Hochzeit hinter ihm liegen, wenn Anneliese sofort, also zu schnell, wollte! Was für ein Dilemma!

Eine auffallend schnelle Hochzeit hätte ja unweigerlich Gerüchte in die Welt gesetzt, dass sie heiraten *mussten*, und dafür gab es ja noch gar keinen Grund, auch wenn Albert das durchaus ein wenig bedauerte. In dieser Hinsicht hätte er eine schnelle Hochzeit durchaus begrüßt, aber der Grenzgang! Albert regte sich und saß plötzlich ganz gerade da. Nein, er war ein wohlerzogener Mann und hätte Anneliese nie ins Gerede gebracht. Die Hochzeit musste leider warten, bis der Grenzgang als Bursche hinter ihm lag. Er wandte den Blick und sah kurz über Biedenkopf. Ja, er war doch ein sehr redlicher Kerl. Noch ein kurzer Blick auf Anneliese und....

Da saß sie und trug ihren frischen und wunderschönen Brautkranz auf dem leuchtend braunen Haar, das um ihren Kopf wallte wie von einem Meistermaler so entworfen und nur dazu vom Himmel erschaffen, um ihn, Albert, schwach werden zu lassen. Dazu ihre grünen Augen und ihre niedlichen Sommersprossen, ihre hellroten Lippen und ihre mit rotem Glanz überzogenen Wangen. Albert sah nichts mehr um sich als dieses Gesicht, und wie durch einen Schleier hörte er, wie die Lippen Worte formten und an sein Ohr drang ein leises: „Wolltest du mich nicht etwas fragen?“

Nun ja, ich würde es am liebsten so sagen: Der Grenzgang sah einen Burschen der Oberstadt weniger als gedacht. Aber das wäre falsch. Der Grenzgang 1914 sah gar keinen Burschen in irgendeiner Burschenschaft, und keinen Mann in einer Gesellschaft. Der Grenzgang fand nicht statt. Es war 1914. Es war der Sommer dieses verfluchten Jahres. Der Grenzgang von Biedenkopf in Hessen fand sein Ende in Bosnien. Es war ja der 28. Juni 1914, und wenige Stunden zuvor waren auf dem Balkan, genau an der Ecke vor dem Delikatessengeschäft Moritz Schiller an der Lateinerbrücke in Sarajevo, zwei Schüsse gefallen, die nicht nur den österreichischen Erzherzog und Thronfolger zusammen mit seiner Gattin töteten, sondern eine unendliche Flut von Schüssen von Menschen auf Menschen auslösen sollten. Am Ende würden Millionen gestorben und die Welt eine andere geworden sein. An diesem Tag, in diesem herrlichen Sommer, zur Zeit des Windens eines Brautkranzes auf einer Wiese bei Biedenkopf im hessischen Hinterland, begann auf demselben Erdball der Erste Weltkrieg.

Und es würde keinen Grenzgang geben in Biedenkopf. Nicht in diesem Jahr und auch sonst keinen mehr bis 1928. Aber das konnte noch niemand wissen, denn die Gewissheit in Deutschland war groß, dass der Krieg nicht lange dauern konnte. Es ging nur gegen Franzosen, Engländer und Russen, was sollten die gegen Deutschland und Österreich schon ausrichten können? Weihnachten würde man zuhause sein. So tönte zumindest das große, das offizielle, das städtische Deutschland. Das Deutschland der kleinen Leute, das der Bauern, der Hinterländer klang durchaus anders. So beendete Adolf Müller, der Schriftführer der Burschenschaft Oberstadt, am 10. August das Protokoll des Grenzgangsbuches seiner Burschenschaft 1914:

„Schluß!

Biedenkopf, am 10. August 1914.
... schon am nächsten Tage erfuhr man, daß Österreich mobil gemacht habe, um den Mord von Sarajevo durch Waffengewalt zu sühnen, da sich Serbien nicht mit den Forderungen Österreichs einverstanden erklärt hatte. Nun ahnte ein jeder, daß auch Deutschlands Schicksalsstunde bald geschlagen habe, wie es denn nur zu schnell auch geschah. Rußland unterstützte Serbiens Trotz und so mußte unser geliebter Kaiser Wilhelm II. notgedrungen am 1. August 14 die Mobilmachungsorder ergehen lassen, da auch Rußland im Geheimen schon gegen Deutschland rüstete. Mit dem Schlage 6 Uhr Abends verkündeten die Glocken unserer Stadtkirche dieses schreckliche Ereignis, nach einer Woche unerträglicher Qualen aller Gemüter. So war denn gekommen, was wir beim Eintritt in die Versammlungen[19] nicht geahnt hatten und anstatt die Grenzen unserer lieben Heimatsgemarkung zu begehen, sollten unsere Burschen als Krieger an die Grenzen unseres lieben Vaterlandes ziehen, um Deutschland, in treuer Bundesbruderschaft Österreichs, gegen seine Feinde zu schützen. In einer markigen Rede gedachte dessen der Bürgermeister unserer Stadt, Herr Grünewald, am Abend des 1. August am Kriegerdenkmal. Die Burschenschaft ‚Oberstadt' ließ nun die, auf denselben Abend vorgemerkte Versammlung, dem Ernste der Zeit entsprechend, fallen. In den nächsten Tagen hatten sich nun noch Frankreich und England zu unseren Feinden gesellt, wodurch die Begeisterung fürs Vaterland noch vermehrt wurde. Am 5. August ließ sich die Burschenschaft ‚Oberstadt' noch gemeinsam photographieren und

19Der Grenzgang besteht nicht nur aus den eigentlichen drei Tagen Abgehens der Grenze, sondern beginnt mit der Gründung der Gesellschaften nach Ostern des Jahres und mit vielen Versammlungen und Arbeitseinsätzen bis zum dritten Augustwochenende.

wird dieses Bild einem jeden Burschen ein schönes und zugleich ernstes Andenken bleiben. Nachdem nun noch in einer, durch den Burschenoberst einberufenen, Versammlung der chargierten sämmtlicher Burschenschaften, über die Gelder derselben Beschluß gefaßt war, waren die Grenzgangsgeschäfte 1914 endgültig erledigt. Die Gelder der Burschenschaften wurden an den ‚Burschenoberst' überführt, welcher sie zinslich anlegte und woraus bedürftige Familienangehörige, auf jeweiligen Beschluß einer gewählten Commision, im Laufe des Krieges unterstützt werden sollten. Der dann noch überbleibende Rest sollte späteren Grenzgangszwecken dienen. Die Burschenschaft ‚Oberstadt' beteiligte sich hieran als zweithöchste mit ihrem Überschuß von 126,32 Mark. Unsere Burschen zogen nacheinander nun, zum großen Teile, unter dem Klange der, in den Versammlungen vielgesungenen Vaterlandslieder, hinaus ins Feld, für Kaiser und Reich. Möge dieser Krieg nun bald mit einem, für unser Vaterland ruhmreichen Frieden enden, damit dann in späterer Zeit ein noch schönerer Grenzgang in Biedenkopf gefeiert werden kann.

Adolf Müller
Schriftführer"

Nur mit einem behielt Adolf Müller recht: Es wurde ein schreckliches Ereignis. An viele junge Burschen blieb das erwähnte Bild das letzte Erinnerungsstück in ihren Familien, und auch Anneliese Michel verwahrte als junge Witwe den Kranz, den Sie zu ihrer Hochzeit getragen hatte, in einem Rahmen bis zu ihrem Tod.

Marga verwandt wie Hermann den Tod ihres Sohnes im ersten Kriegswinter nie, nicht einen Tag der 22 Jahre, die sie Albert überlebte. Hermann starb noch 1916 an gebrochenem Herzen. Das ist das ganze Glück, das Kriege bringen.

Weltkrieg!
Kriegs- & Ruhmesblätter

Nr. 1 1914 5 Pf.

Die Ereignisse des großen Krieges 1914.

Auf Grund der amtlichen Depeschen bearbeitet.

Die Vorgeschichte.

Am 28. Juni

werden der österreichisch-ungarische Thronfolger, Erzherzog Franz Ferdinand, und seine Gemahlin durch serbische Verschwörer zu Serajewo in Bosnien ermordet.

Die Untersuchung ergibt die Beteiligung hoher serbischer Offiziere und Staatsbeamten und die Förderung des Verbrechens durch amtliche serbische Stellen.

Am 23. Juli,

um 6 Uhr nachmittags, stellt Oesterreich-Ungarn der serbischen Regierung ein Ultimatum mit folgenden Forderungen zu: ehrliche Untersuchung des Verbrechens vom 28. Juni unter Teilnahme österreichischer Organe, strenge Bestrafung aller Schuldigen, die Garantie, daß jede weitere, gegen Oesterreich-Ungarn gerichtete großserbische Agitation aufhöre, Entscheidung über Annahme oder Ablehnung der Note innerhalb 48 Stunden.

Am 24. Juli

beginnt die serbische Mobilisation.

Die russische Regierung erklärt dem deutschen Botschafter in Petersburg, Grafen Pourtalès, daß Rußland bei der ... Auseinandersetzung „nicht indifferent" bleiben könne.

Am 25. Juli

trifft Rußland militärische Vorbereitungen, die sich gegen die österreichisch-ungarische Grenze richten.

Um 6 Uhr nachmittags läuft die Serbien gestellte Frist zur Annahme des österreichischen Ultimatums ab. Serbien gibt eine völlig unbefriedigende Antwort und ordnet die allgemeine Mobilisation an. Der österreichisch-ungarische Gesandte, Baron Giesl, verläßt Belgrad. Ein Teil der österreichisch-ungarischen Armee wird mobilisiert.

Am 26. Juli

wird die russische Mobilmachung für die Gouvernements Kiew, Odessa, Warschau und Moskau angeordnet.

Kaiser Wilhelm II. unterbricht seine Nordlandreise, und die deutsche Regierung leitet eine energische Vermittlungsaktion in London, Paris, Petersburg und Wien ein.

Am 27. Juli

erklärt Rußland im Gebiet gegenüber der ostpreußischen Grenze den Kriegszustand.

Die französischen Manöver werden abge-

Biedenköpfer Notgeld 1923

1921 The Jazz Singer

Joseph Samuel Jackson wälzte sich in seinem Bett. Er konnte nicht schlafen, obwohl er es krampfhaft versuchte. Draußen auf den Straßen kehrte nie Ruhe ein; so war das hier in der Bronx, einem Stadtteil von New York, aber das kannte er seit drei Jahren. Er wäre vermutlich aufgewacht, wenn der Lärm jemals verklungen wäre. Das hätte so viel bedeutet wie das Ende der Welt. Nein, von Straßenlärm wachte ein schwarzer elfjähriger Junge in der Bronx nicht auf. Ein Traum war es, der ihn wachhielt, oder besser gesagt: Ein Traum war es, der ihn nicht im Schlaf hielt. Ein Albtraum. Joseph war immer auf der Flucht, sobald er die Augen schloss. Ein Traum, der so grauenhaft war, dass er eigentlich nicht nur für einen elfjährigen Jungen nichts für die Nacht war. Solche Träume sollte kein Mensch träumen, aber das Schlimmste war, dass es nicht nur ein Traum war. In Wahrheit waren es verdrängte Erinnerungen.

Es war nie einfach gewesen in den Vereinigten Staaten von Amerika, mit der in den Augen der Menschen falschesten aller Hautfarben geboren worden zu sein. Auch nicht in New York, der Metropole, die sich so viel auf ihre Weltläufigkeit einbildete. Die Gesellschaft hier war rassistisch durch und durch, und es war ein gestaffelter Rassismus. Ganz oben standen die weißesten der Weißen, die reichen Weißen, am besten mit Stammbaum bis zurück auf die Mayflower. Der Adel Europas spielte hier keine Rolle mehr, hier adelte Geld und wusch weißer als weiß. Zumindest, solange die Haut nicht doch deutlich zu dunkel war. Aber auch dann blieb man reich, und damit Elite. Und quasi weiß. Geld machte aus der Enkelin einer Sklavin, die von ihrem Besitzer vergewaltigt worden war, unter Umständen ein Zentrum des gesellschaftlichen Lebens, war nur genügend Geld da, um die Haut symbolisch zu bleichen. Allerdings dann nicht, wenn das Geld selbst als schmutzig empfunden wurde wie bei einer Prostituierten. Die war in den Augen ihrer sich selbst als ehrsam empfindenden weißen Nachbarn nicht mehr wert als eine Schwarze, mochte sie noch so reich und ihre, von den sie verachtenden Männern so begehrte, weiche Haut noch so sonnenschirmbeschützt oder quecksilbergecremt bleich sein. Geld konnte moralische Haut bleichen und Geld konnte sie schwärzen, ganz unabhängig von der realen, der sichtbaren Hautfarbe. Merkwürdigerweise galt der negative Mechanismus aber grundsätzlich nicht für Waffenhändler, und auch Drogenhandel galt unter Umständen als makellos rein, wie der Opiumkrieg gegen das chinesische Kaiserreich bewies. Die Opfer der Drogen mussten nur die richtigen Menschensorten, also erfundenen Menschenrassen, sein. Nichtweiße. Dann waren Drogen ein durchaus ehrenwertes Handelsgut.

Unter den Reichen kamen die ärmeren Weißen, die, die Englisch sprachen, aber nicht wirklich reich waren: Ladenbesitzer, Journalisten, Miethaie, erfolgreiche Geschäftemacher. Darunter kamen die Weißen, die kaum Geld hatten und nur wenig Englisch sprachen, Juden oder Katholiken, Deutsche, Iren, Schweden, Russen oder Polen waren oder einfach nicht erfolgreich genug, um ein eigenes Haus zu haben. Davon wimmelte es in New York an jeder Ecke. Und auch die schauten herab auf diejenigen, die in der komplizierten Staffelung noch unter ihnen kamen. Je dunkler die Haut, desto tiefer der Startpunkt im Leben. Irgendwann rettete da auch Geld nicht mehr.

Schon die braune Haut eines Italieners, Portugiesen oder Spaniers reichte aus, um niemals wirklich nach oben gelassen zu werden. Darunter kamen die sogenannten Mischlinge; das heißt ‚Mischlinge' sagte niemand, denn sogar die Art der Mischung war wichtig, ebenso wie, ob wenigstens der Vater oder nur die Mutter aus der als wertvoller angesehenen Gruppe stammte.

Darunter kamen die Indianer, aber auch das stimmte nicht in jedem Fall. In Mississippi, Louisiana, Florida und Oklahoma lebten Angehörige der Cherokee, Choctaw, Chickasaw, Muskogee und Seminolen, der sogenannten Fünf Zivilisierten Nationen. Diese Indianer hatten sich schon im 18. Jahrhundert so sehr an den Lebensstil der Weißen angepasst, dass sie auf ihren Farmen sogar schwarze Sklaven besaßen, wenn sie reich genug dafür waren, so wie der Cherokee-Häuptling Guwisguwi/John Ross. Indianer, die Schwarze versklavten, das war möglich. Aber Schwarze, die einen Indianer versklavt hätten? Undenkbar. Denn nichts, absolut nichts, was unter den Begriff des „Menschen“ gefasst werden konnte, stand unter den Schwarzen. Nichts. Auch sechzig Jahre nach der Abschaffung der Sklaverei nicht.

Zwischen den Indianern und den Schwarzen kamen in der Rangfolge Chinesen, Japaner und Inder, denen man ja beim besten Willen selbst damals eine gewisse Kultur nicht absprechen konnte. Aber Schwarze? Nein.

Buffalo Bill konnte Indianer in seiner Wild-West-Show als Attraktion zeigen, denn Indianer waren die Edlen Wilden, die es sogar geschafft hatten, den Weißen militärische Niederlagen beizubringen, wie die Schlacht am Little-Bighorn-River, deren Sieger Sitting Bull eine der Hauptattraktionen Buffalo Bills war. Aber Schwarze? Die galten bestenfalls als knapp höherstehend als Affen, irgendetwas zwischen Tier und Mensch. Und Tiere durfte man ja jagen.

Joseph Samuels Traum war der einer solchen Jagd; und Joseph, den alle Joey nannten, war das Wild gewesen, er mit seiner Familie. Damals, vor drei Jahren, als seine Eltern es nicht mehr ausgehalten hatten und mit den Kindern aus Walnut Grove/Mississippi geflohen waren, in der Hoffnung, in New York ein gutes Leben finden zu können. Eigentlich war Walnut Grove ein wunderbarer Ort, um dort zu leben, aber in der Umgebung waren Krawalle und Lynchmobs ausgebrochen, Schwarze waren willkürlich gehängt und einige ihrer Kirchen und Wohnhäuser angezündet worden. Ja, selbst die Häuser Gottes waren hier aufgeteilt nach den Hautfarben seiner Kinder. Und die Weißen hatten in ihrer Mehrheit dem allen zugestimmt, weggesehen oder begeistert mitgemacht und sich gegenseitig versichert, sie seien gute Christen. Brennende Kirchen und brennende Kreuze als irre Zeichen eines angeblich besseren weißen Christentums.

Seit 1915 war der Ku-Klux-Klan zu neuem Leben erwacht und ergriff immer weitere Teile besonders des ländlichen Amerikas. Die Great Migration der Schwarzen aus dem Süden war in ihrer ersten großen Welle und wurde von den immer weiter um sich greifenden Angriffen des Klans immer mehr beschleunigt. Und in dieser Atmosphäre hatte Samuel Moses Jackson, Joeys Vater, es gewagt, einem Klansmitglied offen entgegen zu treten. Durch halb Walnut Grove hatten sie ihn gejagt, bis vor sein Haus, aus dem seine Frau Elisa gestürzt war, um ihrem Mann zu helfen, ihn gegen die Schläge und Tritte zu schützen. Fast tot geprügelt hatten sie ihn deshalb, Elisa hatten zwei Männer vergewaltigt und halbtot liegen lassen, und Joey hatte es aus dem Fenster ihrer Hütte mitansehen müssen, beides, den blutenden Vater und die schluchzende Mutter. Deshalb hatten die Eltern, kaum dass sie beide wieder ein wenig auf den Beinen waren, alle ihre wenige Habe zusammengepackt und sich in der Nacht auf den Weg gemacht. Es war keine Sekunde zu früh gewesen. Aus einiger Entfernung hörten sie plötzlich Schreie, die von dort kamen, wo sie bis eben noch gewohnt hatten; und dort, wo eigentlich Nacht hätte sein sollen, war ein tiefroter Feuerschein zu sehen, aus dem Schreie des Schmerzes und des Entsetzens zum schwarzen Himmel brüllten. Später erfuhren sie, dass die Hälfte ihrer Nachbarn in den brennenden Hütten den Tod gefunden hatten; die Männer waren gelyncht und der Rest so verprügelt worden, dass noch drei Wochen später einige der jungen Frauen im Sterben lagen. Und von dieser Nacht und den Tagen davor träumte Joey seit drei Jahren jede einzelne verfluchte Nacht. Wen sollte es also wundern, dass der Schlaf ihm keinerlei Erquickung bescherte? Seine Eltern wussten, wovon er träumte. Und auch ihr Trauma verschwand nicht, wurde niemals auch nur eine winzige Spur kleiner. Deshalb ließen sie den Jungen alleine mit seinen Träumen. Was hätten sie auch tun sollen? Er hätte ihnen nie geglaubt, dass das alles nicht so schlimm gewesen sei und dass es jetzt bergauf gehen werde. Um ihm das zu sagen, hätten Moses und Elisa sich selbst belügen müssen. Und das konnten sie nicht. Wie denn auch? Elisa lag weinend in ihrem Bett und hörte zu, wie ihr Joey sich quälte. Insgeheim verfluchte sie die Farbe ihrer Haut. Schwarz zu sein war so ein Unglück! Warum nur waren sie schwarz, sie und ihre Familie? Verfluchtes Schwarz!

Wie schlimm es sein musste, schwarz zu sein, machte ein Film deutlich, der in diesem Jahr in die Kinos Amerikas kam, „The Jazz Singer". Jazz war ganz eindeutig schwarze Musik, Musik der Schwarzen; aber auch immer mehr Weiße schafften es nicht mehr, die Füße still zu halten, wenn er gespielt wurde. Also musste ein Film darüber her, jetzt, da der Tonfilm sich zu verbreiten begann. Einer der ersten echten Tonfilme war über den schwarzen Jazzsänger, man hörte die Stimme eines Schwarzen. Aber im Bild, da sah man einen Weißen, der zum Schwarzen geschminkt war, so wie der schlimme Jim Crow der Minstrel Shows. Der Jim Crow, der das glückliche Sklavenleben pries und ganz froh darüber war so zu sein wie er war: arm, ungebildet, unterwürfig, ein Dieb, ein Sklave, ein primitives dümmliches Abziehbild; und unter seiner schwarzen Haut ein geschminkter Weißer, der die Opfer von gestern und heute für Geld verspottete und der Lächerlichkeit preisgab. Der Jim Crow, nach dem man die ‚Gesetze' benennen würde, die nach der Abschaffung der Sklaverei und der Reconstruction, der

Wiedereingliederung der ehemaligen Südstaaten in die Union 1877, die Trennung der Rassen weiterhin zementieren sollten.

Die Stimme des Jazz Singers konnte gar nicht schwarz genug klingen; aber dem weißen Publikum, das das Geld hatte, eine Kinokarte zu bezahlen, konnte man nach der Logik der Zeit natürlich keinen echten Schwarzen als Star des ersten echten Tonfilms präsentieren. Man sah sehr deutlich, dass der Sänger zum Schwarzen angemalt worden war, denn man sollte es sehen. Das Publikum, das keinen Schwarzen auf der Leinwand akzeptiert hätte, sollte sich sicher sein können. Der Weiße auf dem Platz, der ihm in den Augen des Publikums zustand, nämlich als Star auf der Leinwand; und der Schwarze unsichtbar, selbst wenn man seine Kultur darstellte, seine Stimme der Inhalt des Filmes war. Ein angemalter Weißer war einfach der bessere Schwarze. Basta. Immerhin ließ man einen Schwarzen unsichtbar singen. War das etwa nichts? Doch, in dieser Zeit war diese Verrücktheit das, was Weiße für normal halten konnten.

Und was noch viel unglaublicher war: Auch die übergroße Mehrheit der Schwarzen hielt dies noch für normal. Man kannte es ja nicht anders. Es war immer so gewesen, dass die Weißen die Herren gewesen waren und die Schwarzen die Diener, die Sklaven, die Nichtherren. Das Schlimme an Sklaverei und Rassismus ist, dass beides Samen des Irrsinns sind, die über Generationen austreiben können. Unter den Sklaven hatte es die besseren und die schlechteren, die Haussklaven und die Feldsklaven, gegeben, und die Haussklaven waren stolz auf ihren Status gewesen. Das hatte in den Geistern die Abschaffung der Sklaverei überlebt. Viele Schwarze freuten sich darüber, aus einem weißen Kino schwarze Musik zu hören. Das war ein kleiner Sieg, und wer von ihnen konnte schon sehen, dass der Sänger im Bild geschminkt war? Niemand, so gut wie kein Schwarzer, also blieb der Stolz der

Zuhörer vor dem Kino. Der Weg bis zur Freiheit für alle würde ja noch so lang sein!

Auch Carl Wilhelm Pfeil in Biedenkopf wälzte sich unruhig in seinem Bett, sogar zeitgleich mit Joseph Samuel, den er zwar nicht kannte, der aber gerade genauso unruhig schlief. Carl Wilhelm oder Willi, wie ihn alle riefen, elf Jahre alt und Biedenköpfer Wurzeljunge, war nämlich krank und so kam es, dass, wenn man in diesem Augenblick die Erde in ihrer Drehung angehalten hätte, zwei gleichaltrige Jungen einige tausend Kilometer voneinander entfernt vorgefunden worden wären, die sich exakt gleichzeitig im Bett herumwarfen, weil sie schlecht träumten. Aber während Joey im Traum um sein Leben fürchtete, träumte Willi von Blasmusik, einem Säbel, einer schwarzen Uniform mit goldenen Tressen und einem Gehilfen, der ihm regelmäßig mit Schuhcreme das Gesicht nachschminkte, damit es immer flächig schwarz bliebe. Für Willi wie für fast alle Biedenköpfer war ein Schwarzer kein Sklave, kein Jazz-Singer, kein Jim Crow; nein, in Biedenkopf waren schwarz der König Baltasar an der Krippe des Jesuskindes an Weihnachten und, für Biedenköpfer wahrscheinlich noch wichtiger, alle sieben Jahre der Mohr des Grenzganges. Eine Figur, die jeder in Biedenkopf liebte; die nie Sklave war, Uniform und Degen trug, also frei war.

Willi träumte noch intensiver als andere Biedenköpfer Jungen davon, einmal Mohr zu sein, weil sein Opa 1893 auch schon Mohr gewesen war. Ach, wie gerne wäre er auch einmal im Leben der Mohr! Sein Großvater war Mohr gewesen und der ältere Bruder seines Opas. Das wollte er auch! Willi träumte den Traum eines jeden Jungen in Biedenkopf: Einmal im Leben schwarz zu sein! Glückliches Schwarz! Was für ein Traum! Wie es wohl wäre, schwarz zu sein? Ob schwarze Haut sich anders anfühlte als weiße? Nicht von außen, von innen? Das fragte er sich tatsächlich oft, so sehr war er beseelt von dem einen großen Wunsch. Einmal Mohr sein! Einmal ein richtiger Mohr! Wie sehr wünschte Willi sich, doch eine Stunde im Leben lang ein echter Schwarzer sein zu dürfen. Nicht eine Stunde, drei Tage lang! Das wäre die Krönung seines Lebens, so dachte der Junge.

Schweißgebadet war Joey in der Bronx erwacht. Der Schrecken war ihm in die Glieder gefahren, die Todesangst aus dem Traum ließ sein Bett zittern von dem Schauder, der in allen seinen Gliedern steckte und den Körper des Jungen erbeben ließ. Weiß sein! Wie sehnte er sich danach, weiß zu sein! Er wüsste zu gerne, wie das Leben dann wäre. Nur einen, vielleicht zwei, drei Tage einmal in einer weißen Haut zu stecken, das wäre der Traum seines Lebens. Glückliches Weiß! Dann würde man ihn nicht jagen, nicht beschimpfen; die Polizei würde ihn grüßen, statt ihn sofort böse anzusehen, ob er ein Dieb sei oder Schlimmeres. Nur einmal im Leben weiß sein dürfen!

Keiner der Jungen, die da fast denselben Traum träumten, fast gleich und doch genau entgegengesetzt, verstand, dass es nichts nützen würde, die Farbe zu wechseln. Nur wenn niemand sich mehr für Hautfarben interessierte, würde sich etwas ändern. Wenn es egal wäre, wer wie aussieht, welche Farbe sein Gesicht hat, ob er sich anmalt oder nicht; wenn all das egal wäre, dann wäre Gerechtigkeit erreicht, Gleichheit, Freiheit, Brüderlichkeit. Erst dann, nicht einen Tag früher. Solange es noch in irgendeinem Hirn Grund gab, Menschen nach etwas anderem zu beurteilen als dem, was in einer Welt ohne Licht und Ton wichtig wäre, nämlich nach seinen Taten für den Nächsten; solange würde es Streit und Unterdrückung, Ungerechtigkeit und Diskriminierung geben. Aber so weit waren die Jungs noch nicht. So wie die ganze Welt, die erst einmal in den Bürgerkrieg in Russland nach der Revolution mit ihrem unendlichen Morden rutschen würde; in einen weiteren Weltkrieg und millionenfachen Mord an Menschen mit der angeblich falschen Abstammung, Religion, sexuellen Orientierung, politischen Meinung oder sonst etwas angeblich Falschem; in den

Abwurf zweier Atombomben; das Morden in Korea und in China; in die Verbrechen des kaiserlichen Japans in ganz Ostasien; die Kulturrevolution in der Volksrepublik China; den Völkermorden in Ruanda, in Nigerias Biafra, in Somalia, in Burma an den christlichen Karen und den muslimischen Rohingya, an den Völkern Amazoniens; den Bürgerkrieg in halb Lateinamerika; den Bruderkrieg nach der Teilung Indiens in Indien und Pakistan; den Bruderzwist zwischen Abraham und Ibrahim, Israel und der arabischen Welt; den Krieg der Sowjetunion in Afghanistan; die geisteskranken Morde der Rote Armee Fraktion, der IRA und anderer Terrororganisationen, die die Wahrheit alleine zu besitzen beanspruchen würden; den 11. September 2001 und das unfassbare Leiden danach. Aber das alles lag noch in der Zukunft und dennoch wurden jetzt schon eifrig die Wurzeln für all das gepflanzt. In zwei Jahren würde ein geisteskranker Gefreiter des ersten Weltkrieges mit seinen verbrecherischen Helfershelfern durch München marschieren und danach im für ihn wohnlichen Gefängnis Zeit finden, eines der dreckigsten Bücher aller Zeiten zu schreiben; und seine Idiotie und sein Hass würden die Welt in Brand stecken. Joey und Willi hätten gute Gründe, noch viel schlechter zu schlafen. Aber Gott sei Dank liegt die Zukunft vor den Augen der Menschen verborgen. Und Gott sei Dank kann sie noch neu geschrieben werden.

Aber Willi musste noch warten; es würde keinen Grenzgang geben in diesem Jahr. Die Menschen hatten andere Probleme nach dem Leiden des Ersten Weltkrieges, eine Dürre in diesem Sommer hatte die Versorgungslage noch verschlechtert und den traumatisierten Menschen steckte zu viel Angst vor Zukunft in den Knochen und zu viel Schrecken der letzten Vergangenheit, als dass sie unbeschwert ein Fest hätten feiern können. Für Grenzbegehungen war jetzt keine Zeit. Das Überleben war wichtiger. In ganz Deutschland rumorte es überdeutlich, Revolutionen wechselten einander ab, in Berlin erschlugen sich Rote und Braune gegenseitig auf den

Straßen und auch das traditionell rote Hinterland hatte seine politischen Unruhen.

Erst 1928 und 1935 fanden wieder Grenzgänge statt; dann erst aufgrund des 2. Weltkrieges und der Währungsreform wieder 1950. Der siebenjährige Rhythmus wurde danach aber nach der alten Zählung beibehalten, so dass ab 1956 in seitdem ununterbrochener Folge alle sieben Jahre ein Grenzgang hinausgehen konnte. Und so begleitete der Grenzgang alle Veränderungen, die sich in diesem langen Zeitraum ereigneten. Und während man noch 1900 zur Feier des Jahrhundertjahres den Rhythmus verändert hatte, blieb es rund um den großen Jahrtausendwechsel bei den Grenzgangsjahren 1998 und 2005.

Willi würde aber nur noch zwei Grenzgänge miterleben und niemals Mohr werden, da er zu denen gehörte, die dem Ruf des verfluchten Irren folgen und ihr Leben im Dienst einer entsetzlich üblen Sache in einem fremden Land verlieren würden, das zu überfallen sie geholfen haben würden. Aber das wusste Willi noch nicht, als er sich unruhig in seinem Bett wälzte und nur davon träumte, seinen Säbel nicht gegen Unschuldige zu verwenden, sondern zum Takt der Musik beim Tanz des Mohren durch die Biedenköpfer Festtagsluft zu schwingen.

GUTSCHEIN Nr. 363

Dieser Gutschein im Werte von

PFENNIG 50 PFENNIG

wird an Tanzabenden und anderen Hausveranstaltungen in Ermangelung von Wechselgeld ausgegeben und bis zum 31. Dez. 1947 in vollem Werte eingelöst.

HOTEL BERGGARTEN

Biedenkopf, im August 1947

Export
BRAUEREI-
BRAUEREI BALBACH
BIEDENKOPF

Limonade
HERGESTELLT MIT REINEM
ZITRONEN-AROMEN
Nachtsheim - Biedenkopf
Urbannstraße 9 - Telefon 420
Hessischen Mineralwasser-

Apfelwein
nur für den Hausbedarf!
Handel nicht zugelassen!
Lina Höhn Wwe.
Süßmosterei
Biedenkopf/Lahn
Kühl und liegend aufbewahren!

2012 Schwarz und Weiß

Im Kindergarten hatte Kevin einen Freund, Jacques aus Ghana. Er war vor ein paar Jahren als Baby mit seinen Eltern nach Biedenkopf gekommen, und die waren ganz tolle Sportler, das hatte Kevin mitbekommen. Die ganze Familie war ganz lange zu Fuß gegangen, durch eine riesige Wüste und dann mit einem Schiff gerudert und dann wieder gelaufen, viel weiter, als Kevin je mit dem Auto gefahren war. Das war super. Jacques war Kevin sofort aufgefallen, denn er war anders: Sein ganzes Gesicht war richtig schwarz. Als ihre Eltern sie zum ersten Mal in Dexbach in den Sandkasten setzten und sie eigentlich mit dem Sand spielen sollten, da war Kevin zu Jacques gekrabbelt und hatte mit dem Finger in seinem Gesicht herumgewischt, um zu sehen, was unter der schwarzen Farbe war. Kevins Mama Sabine war das sehr peinlich gewesen, aber Moësha, die Mama von Jacques, hatte ganz furchtbar gelacht und war vor Lachen und Bauchhalten fast von der Bank gefallen. Kevin und Jacques hatten sich von da an als beste Freunde gefunden, und ihre Eltern waren seitdem auch richtig gute Freunde geworden.

Als Jacques Geburtstag hatte, da hatte er alle seine Freunde eingeladen und seine Mama Moësha hatte alle mit Theaterschminke schwarz angemalt und sagte dann: „Da schau an, lauter kleine Ghanaer!“, und dann hatten die Kinder merkwürdige weite Gewänder angezogen und hatten zu einer Trommel getanzt und dann hatten sie ganz anderes Essen gegessen als sonst, und sie hatten alle gespielt, dass sie jetzt alle Ghanaer wären. Kevin mochte das, wenn er sich schwarz anmalte. Er war ein sehr waches Kind und sah, dass nicht alle Menschen gleich sind, wenn man sie ansieht; und er fühlte, dass man den anderen besser versteht, wenn man sich ihm annähert, sich im angleicht, den Unterschied überwindet, indem man ihn zum Thema macht. Er spielte gerne Ghanaer. Als Kevin Geburtstag hatte, da machten sie das Ganze genau andersherum. Seine Mama war in der Trachtentanzgruppe und sie zog alle Kinder einmal in Hinterländer Tracht an, auch Jacques. Der wurde probehalber mal weiß geschminkt, aber das sah ganz merkwürdig aus, eher wie ein Gespenst. Das sah lustig aus und am liebsten wäre er so geblieben für den Rest das Tages, aber Kevins Mama schminkte ihn lieber doch ab und meinte, das könne man sich als Kostüm für Halloween besser aufheben. Auch Ahmed bekam eine Jungentracht an, obwohl der aus dem Irak war, aber der rannte damit wilder herum als alle anderen und war der Held des Tages. Und dann gab es hessisches Essen, Linsensuppe mit Mettwurst; und für Ahmed Linsensuppe mit Rindwurst, weil der ja kein Schweinefleisch essen durfte oder wollte oder sonst was. Und Kathi bekam Suppe ganz ohne Wurst, weil die kein Fleisch wollte oder sollte oder sonst was. Also hatten alle, was ihnen schmeckte, und alle waren zufrieden. So lernte Kevin das als Kind in Dexbach. In Dexbach gab es Menschen, die halt verschieden waren, verschieden aussahen und verschieden lebten. Und trotzdem spielte man zusammen, aß und trank und feierte und arbeitete miteinander und jeder akzeptierte, dass der andere das gleiche Recht hatte, anders zu sein, wie man selbst ja auch.

Dann zogen seine Eltern um, nach Marburg, und Kevin kam in den Kindergarten nach Michelbach. Und da war plötzlich alles anders. Da war die Kindergartenleiterin Melanie, die war politisch korrekt, wie sie das nannte. Die wusste immer ganz genau, was ganz, ganz richtig und was ganz schlimm falsch war, und sie wollte, dass alle anderen auch alles, was sie für ganz richtig hielt, für ganz richtig hielten und alles andere für so schlimm und schlecht, dass sie es nicht einmal mehr dachten oder auch nur darüber redeten. Als Kevin einmal als Ghanaer verkleidet in den Kindergarten kam, da rief Melanie aber sofort bei seiner Mama an und die musste ihn abholen und umziehen und es gab richtig Ärger. Nur Kevin verstand gar nicht, warum. Und er macht sich seine Kindergedanken:

Melanie hatte es ihm immer wieder erklärt, dass manchmal die Erwachsenen einfach etwas besser wissen als die Kinder, weil sie Gefahren besser abschätzen können als die Jungen und Mädchen. Das war dann einfach so und war immer gut für die Kinder. Weil Erwachsene ja nie wollen, dass es Kindern schlecht geht. Und manchmal wissen Erwachsene einfach besser Bescheid, weil sie halt so wahnsinnig viel älter sind als Kinder. Und wer älter ist, der hat eben schon viel mehr erlebt und nichts kann man so gut aus Büchern lernen, wie wenn man es selbst erlebt hat. Dabei hatte Melanie es ja noch nie erlebt, wie es denn ist, schwarz zu sein. Sie war weiß. An dieser Stelle hakte Kevin zwar nach und fragte, warum er denn nicht auch alles erleben dürfte, was Mama, Papa und Melanie erlebt hatten, aber da sagte Melanie wieder, das sei halt so. Und dann suchte sie nach Beispielen.

Kevin durfte ja zum Beispiel nicht auf die heiße Herdplatte fassen, weil das gefährlich ist. Er durfte nichts von einem Busch essen, weil das gefährlich ist. Er durfte nichts aus fremden Flaschen trinken, weil das gefährlich ist. Alles was gefährlich war, war verboten. Also war es wohl auch gefährlich, Ghanaer zu spielen und sich schwarz anzumalen. Denn warum sonst hätte man es verbieten sollen? Jacques und seine Mutter und sein Papa hatten es toll gefunden, und alle hatten Spaß gehabt, aber scheinbar war dieser Spaß sehr gefährlich gewesen und Jacques' Mama und Papa waren scheinbar sehr dumm, so dachte Kevin zumindest, weil sie gar nicht wussten, was für gefährliche Sachen sie da mit den Kindern gespielt hatten. Und seine eigene Mama fand Kevin auch sehr dumm, dass die das auch nicht wusste. Sich schwarz anzumalen und als Ghanaer rumzulaufen, wenn man doch gar keiner war, war gefährlich und schlimm. Vielleicht war schwarz und Ghanaer sein ja insgesamt schlimm? Vielleicht waren Jacques' Mama und Papa ja gar nicht dumm, sondern böse, weil sie den anderen Kindern schaden wollten und hatten sie deshalb als Ghanaer angezogen und schwarz angemalt? Dann war nur seine eigene Mama dumm, die anderen waren vielleicht wirklich böse. Kevins Welt wurde langsam schwarz. Er wollte Jacques nie mehr wiedersehen. Jacques war vielleicht gefährlich.

Melanie hätte nie erraten, welche Gedanken sich da in Kevins Kinderkopf entwickelten. Ihr wäre es am liebsten gewesen, wenn Kinder gar nicht bemerken würden, dass Menschen nun einmal unterschiedlich aussehen. Ihr war es peinlich, Unterschiede zu sehen und darüber nachzudenken. Sie hatte immer Sorge, sie könne Rassistin sein. Der Umgang mit Menschen mit Behinderung fiel ihr besonders schwer. Sie wollte sie nicht bevormunden. Aber war das Angebot von Hilfe bereits Bevormundung? Oder nicht? Sie wusste es nicht. Auf die einfache Idee, die Menschen selbst anzusprechen und zu fragen, kam sie nicht, denn das hätte ja bedeutet, die Behinderung zu bemerken und zum Thema zu machen. Dass die Behinderten selbst das Recht hätten, ihr Sein zum Thema zu machen oder nicht, das war ihr fremd. Ebenso wie die Tatsache, dass verschieden Menschen mit der gleichen Situation einfach unterschiedlich umgehen; dass es nicht „die Behinderten", „die Schwarzen", „die Kinder", „die Alten", „die Sportler", „die Kranken", „die Deutschen", „die Muslime", „die Wer-weiß-was" gab. Es gab 7,5 Milliarden Menschen, und niemand unter ihnen war nur das eine oder das andere. Es gab selbstbewusste Menschen und schüchterne; es gab Riesen, die Damenührchen trugen, um kleiner zu wirken und solche in engsitzenden Klamotten in leuchtenden Farben, damit aber auch wirklich jeder sie bemerkte. Es gab Frauen, die es mochten, wenn man ihnen Komplimente machte und solche, die nicht auf ihre Weiblichkeit reduziert werden wollten. Und alle diese Menschen hatten das verbriefte Recht dazu, so zu sein, wie sie es für richtig hielten. Das machte die Welt frei. Und das machte die

Welt kompliziert. Melanie mochte es aber einfach und überschaubar. Und das machte sie im Grunde ihres Herzens zu einer Schubladenrassistin. Aus purer Angst, etwas falsch zu machen, teilte sie wild und wirr in Schubladen ein, gerade um Menschen nicht klassifizieren zu müssen. Das war verrückt. Und ein Kind konnte so kompliziert und falsch nicht denken. Noch nicht. Denn es würde ja erwachsen werden.

Jacques verstand nicht, was da plötzlich passierte. Warum wollte Kevin plötzlich nicht mehr mit ihm spielen? Lag es an ihm? Kevin hatte ihm bei ihrem letzten Treffen kurz von der Tante Melanie erzählt, die ihn so schlimm angemacht hatte, weil er sich schwarz angemalt hatte; und als er von Jacques, seinem Freund, erzählt hatte, da hatte diese Melanie gesagt, dass Jacques das wehtue und der das nicht haben wolle, dass Kevin sich so anmale wie er, Jacques, im Gesicht aussehe. Dass das böse sei. Und dass Jacques das nicht wollen würde. Obwohl Jacques Mama Moësha die Kinder ja selbst alle schwarz angemalt hatte und Jacques sich gar nicht beschwert, sondern fröhlich mit den angemalten weißen Kindern herumgetobt hatte. Und Jacques' Mama war ja selbst auch schwarz. Ganz anders als Melanie. Aber Melanie war sich ganz sicher, ohne Jacques oder Moësha auch nur einmal danach befragt zu haben.

Sie war ja weiß und klug; sie wusste, was gut ist für kleine schwarze Jungen. Und für schwarze Menschen überhaupt. Auch ohne sie alle jemals gefragt zu haben. Denn sie kannte andere weiße Leute, die mal einen anderen schwarzen Mensch gefragt hatten, und der andere schwarze Mensch war sich auch sicher, dass er für Moësha und Jacques und überhaupt alle schwarzen Menschen auf der ganzen Welt reden und entscheiden durfte, ohne die beiden oder sonst alle schwarzen Menschen oder wenigstens ganz viele von allen schwarzen Menschen auf der ganzen Welt jemals gefragt zu haben[20]. Und alle diese sehr klugen Menschen, die dauernd für andere Menschen Entscheidungen fällten, ohne je demokratisch gewählt worden zu sein, die waren alle aus Marburg oder waren dahin gezogen, in eine ganz echte Universitätsstadt. Das machte sie auch automatisch klüger als jemanden aus Biedenkopf oder Engelbach. Sie wussten Bescheid. Alle. Weil in einer Stadt neben einer Universität zu wohnen klug macht und besondere Rechte verleiht. Zum Beispiel das, anderen Menschen etwas vorzuschreiben, ohne die zu fragen, in deren Namen man wieder anderen etwas verbietet oder vorschreibt.[21]

Melanie sagte deshalb sehr ernst zu Kevin, sie verbiete ihm im Interesse von Jacques, sich schwarz anzumalen. Jacques wolle, dass

20 Was einen klaren Verstoß gegen die Allgemeine Erklärung der Menschenrechte von 1948 darstellt, da die Menschenrechte gerade das Individuum vor der Vereinahmung durch welche Gruppe und unter welchem Vorwand auch immer schützen. Wenn ein einziger schwarzer Mensch auf Erden sagt: "Ich spreche für mich!", verbieten die Menschenrechte es allen anderen schwarzen Menschen ihm vorzuschreiben, dass er die anderen über sich bestimmen lassen muss.

21 Das beste Beispiel dafür war der Lehrer König. Der hatte auch in Marburg studiert und sogar sein Diplom da gemacht, war aber dann aus Marburg weg nach Biedenkopf gezogen. Und das hatte ihn sofort dümmer gemacht, mit jedem Kilometer ganz wesentlich dümmer. Das konnte man daran erkennen, dass er trotz Studiums allen Ernstes glaubte, dass schwarze und weiße Menschen die gleichen Rechte haben müssen und dass Hautfarbe absolut gar nichts damit zu tun hat, was ein Mensch darf oder nicht darf. So dumm machte es, aus der Universitätsstadt, der Insel der Bildung und des Besserwissens in einem endlosen Meer von ländlicher Dummheit, wegzuziehen. Wobei Marburg natürlich nicht so unendlich toll war wie der Hort der Weisheit, Berlin, aber doch so unendlich viel besser als Biedenkopf. Oder irgend so ein Engelbach.

sie das den weißen Menschen verbiete. Sie hatte gesagt, dass es etwas damit zu tun hatte, dass Jacques selbst schwarz war und dass es gefährlich sei, darüber anders zu denken als sie. Auch das hatte sie Jacques natürlich nie gefragt, aber sie war sich sicher. Weil alle ihre Freunde in Marburg das ja auch so sahen. Und Marburg war immerhin eine echte Universitätsstadt, und Biedenkopf und Engelbach nicht. Also hatte Melanie recht. Dachte zumindest Melanie.

Dann war Kevin gegangen und hatte nie mehr mit Jacques spielen wollen, denn er fand ihn jetzt doof. Wieso durfte Jacques ihm einfach so etwas verbieten? Melanie war ja eine Kindergartentante, und dass die ihm etwas verbieten durfte, das wusste er, aber Jacques? Nein, der nicht auch noch. Der war einfach nur doof.

Aber dieses Jahr war ja Grenzgang in Biedenkopf, und Kevins Eltern fuhren natürlich hin und machten mit, alle drei Tage. Kevin kam mit und wurde bei Tante Rosel und Onkel Hermann einquartiert und durfte auch ganz lange aufbleiben und sogar bis zu den Festplätzen mitlaufen. Der Grenzgang war herrlich, auch für die Kinder. Kevin wie alle Kinder mochte den Mohren am liebsten, weil der den Kindern am ersten Tag Brezeln schenkte. Und außerdem so toll aussah, so eindrucksvoll in seiner schwarzen Uniform mit den goldenen Sachen dran und dem Säbel. Und wenn er über den Marktplatz den Tanz tanzte, den nur er, der Mohr, tanzen durfte, dann machten die beiden Wettläufer mit den langen Peitschen für ihn Platz und alle sahen zu, wie der Mohr den Mohrentanz tanzte. Das fand Kevin toll. Er wollte auch Mohr sein; später einmal, wenn er groß wäre. Dann dürfte er sich im Gesicht schwarz anmalen, ohne dass Melanie sich beschweren würde. Aber wahrscheinlich würde die sich auch dann beschweren. Und denken, sie hätte das Recht dazu. Nein, noch besser: Die angebliche Pflicht.

Melanie hatte die Welt in schwarz und weiß unterschieden, hatte sie schwarz und weiß gemalt. Und hatte sie in schwarz und weiß gespalten, um das Denken in den Kategorien Schwarz und Weiß zu überwinden. Wie das gehen sollte, wusste sie hoffentlich selbst. Kevin verstand es nicht. Und Jacques' Mutter Moësha auch nicht.

Am Morgen des dritten Tages bei der Aufstellung auf dem Marktplatz stand Kevin nämlich am Rande der Zuschauer und sah ganz gebannt dem Mohren zu, wie der gerade wieder seinen Tanz tanzte, als auf einmal ganz zaghaft jemand an Kevins rechtem Ärmel zog. Er wollte eigentlich gar nicht vom Mohrentanz weggucken, aber da zog es nochmal, ein bisschen stärker. Er drehte sich um und sah in Jacques' Gesicht, der mit seiner Mutter dastand. Sein Papa Holger war ja bei der Aufstellung seiner Gesellschaft ‚Hewwe und drewwe da Läh'. Jacques' Mutter Moësha sagte: „Na, Kevin?" und lächelte ihn an. Kevin wusste gar nicht, was er machen sollte; er guckte sich ein bisschen hilflos um, weil er Jacques nicht so gerne ins Gesicht gucken wollte, denn eigentlich war der ja gar nicht doof. Ganz rot wurde er dabei. Manchmal wäre er gerne so schwarz wie Jacques gewesen, weil der nie so doof rot wurde, wenn er sich blöd fühlte. Kevin fand es total schlimm, so rot zu werden. Schwarz sein war echt besser. So wie der eine Fahnenträger, der gerade grinsend mit einer der riesigen wertvollen uralten Fahnen einer der Männergesellschaften vorbeikam. Er war aus Nigeria, aber das wusste Kevin nicht. Kevin wäre nur gerne genauso schwarz gewesen wie der Fahnenträger. Beneidenswertes Schwarz!

Diese Szene sah der Mohr während seines langsamen und majestätischen Tanzes. Ihm kam eine Idee und plötzlich strahlte er über das ganze Gesicht. Langsam tanzte er in Richtung der Jungen und nahm erst Kevin auf den Arm, wobei er ihm eine Wange mit seiner schwarz machte. Dann setzte er Kevin wieder ab und sah Jacques groß an. „Na, wen haben wir denn da?" meinte er. „Ich in noch klein! Na, dann wollen wir mal! Zwei echte Biedenköpfer Mohren!" Er hob auch Jacques hoch und machte auch ihm die Wange schwarz. „Wie finden wir denn jetzt raus, ob ich genug dran gelassen habe?" fragte er, als er Jacques wieder neben Kevin absetzte. Da nahm Jacques seinen Zeigefinger, wischte damit über seine Wange und machte Kevin damit einen dicken schwarzen Strich auf die andere Wange. „Ja, das hat gereicht!", lachte Moësha lauthals los, und alle lachten mit. Jacques und Kevin grinsten sich gegenseitig an, denn beide wussten: In Biedenkopf bringt das Schwarz aus dem Gesicht des Mohren Glück. Und Kevin war froh, seinen Freund zurück zu haben. Denn wer einem Glück schenkt, der kann ja wohl nicht böse sein? Und so vereinte der Mohr von Biedenkopf wieder die zwei Freunde, und das laute Lachen von Moësha klang fast lauter über den Markplatz von Biedenkopf, als die vielen Kapellen aus dem Allgäu, dem Hinterland und wer weiß noch woher spielen konnten. Es war Grenzgang, herrlicher Grenzgang. Mit allen und für alle. Nicht schwarz, nicht weiß, sondern so unendlich bunt.

Und wieder führten der Bürgeroberst und der tanzende Mohr den endlos langen Zug durch Stadt und Wald, und durch Zeiten und Generationen. Und Jacques und Kevin zogen ihm nach, mit tausenden anderen. Drei Tage lang feierten sie gemeinsam das Leben, die Freiheit, die Freundschaft, die Tradition und die Zukunft, ohne es sich von irgendwem irgendwoher verbieten zu lassen. Sie feierten ungestört. Auf ihre eigene Weise. Auf die gute Weise. Auf die Biedenköpfer Weise. Und hin und wieder einer, der Bier verderben musste, mit Berliner Weiße. Das wars dann aber auch.

GRENZGANG IN BIEDENKOPF
16.-18. AUGUST 1984

2019 Del in xiers neuer Welt

Biedenkopf atmete anders in diesem Jahr. Im August würde Grenzgang sein und das spürte man. Für Nichtbiedenköpfer war es doch tatsächlich ein Jahr wie jedes andere, in Biedenkopf der Beginn einer neuen siebenjährigen Zeitrechnung. Ein Jahr, das im Frühsommer danach eine Menge neuer Kinder bescheren würde. Die Geburtenkurve Biedenkopfs hatte eine gewisse Ähnlich mit einem EKG: Alle sieben Jahre ein kurzer sehr deutlicher Ausschlag nach oben nach einer eher gleichbleibend flachen Kurve in den sechs Jahren dazwischen und immer exakt neun Monate nach dem dritten Wochenende im August.

Biedenkopf war ein elendes Drecksnest. In der Innenstadt tote Hose, überall nur leere Geschäfte, die durch leere Schaufensterscheiben auf leere Straßen starrten, auf denen außer Autos mit Verbrennungsmotor niemand unterwegs war. Dazu Regen, der erste nach Wochen der Dürre. Wie konnte man hier nur wohnen? Und das freiwillig? Und stolz darauf sein, hier „Wurzelbürger" sein zu müssen? Unglaublich.

Del sah sich lange um, lief langsam auf den Stufen des, in seinen Augen, absolut unzeitgemäßen Militaristenbrunnens, des Kreiskriegerdenkmals auf dem Marktplatz eine Runde und drehte sich daher einmal um sich selbst, so wie der Mond um die Erde. Drecksnest. Nichts gegen sein Berlin. Dort war alles anders. Dort war er einer der Herren der Welt. Der neuen Welt, die gerade im Entstehen war. Alles in seiner Welt wurde gerade neu, nur hier blieb alles beim Alten. Noch zumindest. Für ihn war das geradezu irreal.

Nun ja, was heißt schon ‚für ihn', was hieß ‚er'? Del war nur Del; kein er, keine sie, nur Del. Höchstens ‚xier'. Del hasste Personalpronomina. Del wollte Del sein. Geschlecht, Gender, gehörte für Del zur Vergangenheit, zu dem, was überwunden gehörte. Eigentlich hieß Del ja Simon, aber auch das war Vergangenheit für xiern. Das stand noch in xiers Personalausweis, aber den wollte xier ohnehin nicht mehr. Für Del gab es keine Staaten mehr, keine Behörden, keine Grenzen, nur noch menschliche und nichtmenschliche Tiere, die Familie des Lebens. Ein Name wie ‚Simon' passte da nicht mehr hinein. Das war ein Name aus der Bibel, in Aussprache und Schreibweise deutsch und eindeutig männlich. Simon war ein Sinnbild für alles, was Del nicht mehr akzeptierte und hinter sich lassen wollte. Und Del wollte, dass alle Menschen xierm da folgen mussten. Del wusste, dass xier recht hatte. Del wünschte sich, es gäbe im Deutschen ein neues Personalpronomen, das wie im Schwedischen keines der beiden alten Geschlechter mehr ausdrückte. Das neue Schwedische ‚hen', statt ‚han' für ‚er' und ‚hon' für ‚sie'; ein deutsches hen wäre für Del ein wunderbarer Anfang. Del bevorzugte ‚xier' als dieses Personalpronomen: ‚x-' für alle Geschlechter außer männlich und weiblich, ‚-(s)ie-' für sie und ‚-er' für er. Das Wort umfasste für Del alles. Xier wünschte sich, dass es sich durchsetzen würde. Bei allen. Und dass ‚er' und ‚sie' immer mehr verschwinden würden. Alle Menschen, alle menschlichen Tiere, nur noch xiere.

Von einer solchen Welt träumte Del. Und von einer Welt ohne Religionen, ohne Rassismus, ohne Sexismus, ohne Speziesismus; ohne alles, was schlecht war oder was Del für schlecht hielt. Simon war tot, Del war Leben und Zukunft. In Berlin. Und jetzt stand Del hier im Regen und wartete.

Del kannte Biedenkopf. Simon war hier aufgewachsen und hatte seine Kindheit im Schatten der Linden um den Brunnen, in den Gassen der Altstadt und in den Wäldern um die Stadt verbracht.

Eigentlich war er hier glücklich gewesen, aber heute war sich Del sicher, dass das nur das Glück des uninformierten Dummen gewesen war. Damals, als Simon, da war für ihn die Welt noch klar gewesen. Er war ein Junge, ein Deutscher, ein evangelischer Christ, ein Mittelhesse, ein Hinterländer. Er war gerne bei den zwei Grenzgängen mitgelaufen, die er bewusst miterlebt hatte. Bei seinem ersten war er elf gewesen, bei seinem zweiten achtzehn. Und dann war er, Simon, zum Studium nach Berlin gegangen. Und Simon war nie wieder nach Biedenkopf gekommen. Simon gab es nicht mehr. Aber Del befürchtete, das würde hier niemand verstehen. Und dafür hasste xier dieses Drecksnest. Del war sich sicher, dass xier recht hatte. In Dels Augen waren xiers Gewissheiten echtes Wissen, aber hier wurde xierm doch tatsächlich vorgeworfen, xier *glaube* nur an das ganze neue Zeug, das Del versuchte, den Menschen nahezubringen.

Del hätte niemals das Wort ‚Glauben' für xiers Überzeugungen verwendet. Aber hier spürte xier, es könnte doch in die Richtung gehen. Und Del hasste dieses Gefühl. Alle Argumente, die für Del in xiers Berliner Umgebung ganz klar und rational nachvollziehbar erschienen, wurden hier unentwegt hinterfragt und schienen niemand*in wirklich zu überzeugen. Das konnte man mit allgemeiner Dummheit der einheimischen Biedenköpfer*innen erklären, oder die Argumente waren doch nicht so allgemein überzeugend und klar rational.

Selbst Dels Eltern verstanden xiern absolut nicht. Xiers Vater hatte Del einmal sehr zornig mitgeteilt, er sei kein xier oder sonst was, er sei ein Mann, ein Er und sonst nichts. Und nichts und niemand werde ihm jemals einreden können, dass er etwas anderes sei als ein Mann. Er sei es und fühle sich sauwohl damit, und damit basta, die Diskussion sei für ihn damit beendet. Auch Dels Mutter hatte darauf bestanden, eine Frau zu sein, und sie wolle auch nicht gezwungen werden, sich anders zu definieren. Sie habe nicht ihr

Leben lang für die Gleichberechtigung der Frauen gekämpft, um jetzt vom eigenen Sohn (denn die Eltern blieben bei Simon und er, wenn sie Del meinten) gesagt zu bekommen, sie sei keine Frau sondern wie alle Menschen eine Mischung unendlich vieler Geschlechter. Del verzweifelte schier an dem Widerstand, der xierm überall entgegenschlug. Xier wollte und konnte nicht verstehen, dass xier den anderen Menschen in den Augen vieler versuchte, einen wichtigen Teil ihrer eigenen Identität, ihres eigenen Seins in der Welt, wegzunehmen, wenn xier sie davon überzeugen wollte, dass das für xiern ein nur erlerntes Geschlecht und deshalb etwas Schlechtes, Abzulehnendes und Abzulegendes sei. Del hatte sich seit Jahren dafür geschämt, ein Mann zu sein, so wie xier sich dafür schämte, jemals ein Weißer und ein Christ gewesen zu sein. In xiers Augen war alles, was mensch*in xierm von außen zuschrieb zu sein, das Schlimmste und Übelste, was die Menschheit jemals hervorgebracht hatte. Xier wollte nichts mehr davon sein, und wie konnten dann andere Mensch*innen, die doch ansonsten nicht geisteskrank oder gefährlich waren, nicht verstehen, welche Verbrechen sie da verteidigten? Für Del waren weiße christliche cis-Männer, nicht Flint*s, die schlimmsten und verbrecherischsten Wesen, die wohl im ganzen Universum lebten. Sie waren für xiern schuld an allen Verbrechen der Vergangenheit. Was daran sollte es wert sein, verteidigt oder sogar beibehalten zu werden? Del war davon überzeugt, dass xiers Ideale die Welt befreien, verbessern und in eine neue bessere Zukunft ohne Ballast aus irgendeiner finsteren, lange zurückliegenden Zeit führen würden. Irgendwann einmal hatte xier einfach diejenige Minderheit unterstützen wollen, die sich tatsächlich nicht als Mann oder Frau fühlen und definieren konnte oder wollte; und das war ja auch überaus legitim und menschenfreundlich gewesen; eine Selbstverständlichkeit in einer Demokratie. Aber inzwischen wollte xier nicht mehr Unterstützung für die Minderheit, xier wollte in ihrem Namen notfalls zwangsweise die Umformung der Welt für die Mehrheit. Xier wollte eine ganz neue Weltordnung, eine neue

Sprache, eine neue Normalität. Xier duldete keine Einordnung in Mann oder Frau mehr. Das alles war für xiern eine Erfindung, irreal, wertlos, abzuschaffen.

Dabei war Del durchaus bewusst, dass es da Probleme gab. Ging ein*e Mensch*in mit als männlich wahrgenommenem Körper auf eine Frauentoilette, weil sich di*er Mensch*in tatsächlich als Frau empfand, oder war xier doch ein*e Spanner*in? Und wie hätte man das in dieser Toilette dxieren Mensch*innen in einem als weiblich wahrgenommenem Körper, die sich als Frau empfanden, gegenüber ausweisen sollen? Wer fragte hier nach dem Recht der übergroßen Mehrheit, sich unbeobachtet und sicher zu fühlen?

Gehörte ein*e Mensch*in mit weiblich wahrgenommenem Körper, dxier sich als Mann empfand, jetzt noch zur*m Gynäkolog*in oder nicht? Juristisch gab es ja nun auch Männer, die menstruieren. Mussten alle gender- und sexusidentischen cis-Frauen sich jetzt wohl fühlen mit einem optischen Mann im Wartezimmer ihrer Frauenärzt*in? Wer fragte nach den Rechten dieser Frauen? Um diesen komplizierten und xierm zutiefst missfallenden Diskussionen aus dem Weg zu gehen, war Del generell für ein einziges Geschlecht für alle. Und hoffte oder besser erwartete die formende Wirkung der Gewöhnung. Auch xiers Vater und xiers Mutter würden irgendwann verstehen, dass sie sich irrten, wenn sie sich noch immer als Mann oder Frau identifizierten.

Del konnte nur staunen, wie geistig rückschrittlich xiers ehemalige Heimat sein konnte. Hier war man nicht nur geistig und philosophisch völlig hinter der Zeit zurück, sondern man war auch noch stolz darauf, verteidigte es sogar. Es gab da z.B. einen Lehrer, ein richtiges Provinzei, einen typischen Provinzpromi, der irgendwie in Biedenkopf und Umgebung immer wieder wahrgenommen wurde, obwohl er eine Luftnummer war. Sogar den Kulturpreis des Landkreises hatte er im letzten Jahr bekommen, und das nur, weil er sich regelmäßig wichtigmachte und in den Vordergrund spielte. In Berlin wäre er niemandem aufgefallen. Aber hier war er sogar in einem anderen Theaterstück eines Biedenköpfers, den es nach Wien verschlagen hatte, als Stadtführer Hristo Bettelmann literarisch verarbeitet worden. Del hielt diesen überzeugten Mann für einen Idioten, aber der war einer von der Sorte, bei dem man sich nicht sicher sein konnte, ob er es nicht sogar toll fand, für einen Idiot gehalten zu werden, Hauptsache die Leute, die sich über ihn aufregten, waren in seinen Augen die richtigen. Er zog sich zumindest oft genug sogar im Unterricht selbst durch den Kakao. Del war sich sicher, dass der Typ sich nicht einmal daran stören würde, wenn xier ihn eigentlich zutiefst verachtete. Die Meinung anderer schien dem Typ nämlich tatsächlich völlig egal zu sein. Einfach nur arrogant.

Dabei war er schlicht und ergreifend nur peinlich: Dels letzter Religionslehrer, also einer, der eh nichts Wichtiges zu sagen hatte; und ausgerechnet der arbeitete sich mit sogenannten Büchern und sogar eigenen Theaterstücken für eine Provinztheatergruppe regelmäßig pseudointellektuell ab an dem, was für moderne urbane Menschen längst erledigt und keiner Diskussion mehr wert war. Und wie er sich mühte! Dabei stand er doch ganz eindeutig von vorneherein auf der falschen Seite. Er gehörte zu den Bewahrern. Denen, für die die Vergangenheit nützliches Wissen für die Zukunft bieten konnte, obwohl, da war sich Del sicher, nur in der Zukunft die Lösungen für die Probleme der Gegenwart liegen konnten. Immerhin hatte die Vergangenheit die Probleme der Gegenwart verursacht; wie sollten dort dann Lösungen zu finden sein? Das war doch völlig unlogisch. Del hatte mit diesem Lehrer König einmal diskutiert, und da war der doch tatsächlich damit angekommen, dass viele Probleme erst dadurch entstanden seien, dass man sich im 19. Jahrhundert von vielen Erkenntnissen der Jahrhunderte zuvor verabschiedet hatte. Für König lagen Lösungen für moderne Probleme tatsächlich teilweise im angeblichen Wissen des finsteren Mittelalters und sogar der Antike. Unfassbar. Der Mann schwadronierte von alten Obstsorten, die ganz ohne CO2 gelagert werden konnten, nur weil seine Familie selbst 120 Bäume davon besaß; von Inka-Steinkartoffeln, die man 25 Jahre ohne Kühlung lagern konnte; von an Landschaften angepassten Viehrassen; von einer Landwirtschaft, die sich erst den Boden ansah und daraus schloss, was man dort anbauen sollte, anstatt den Boden mit aller Kraft und Wissenschaft an die Bedürfnisse und Erfordernisse des Gewünschten anzupassen; und nur, weil er selbst in einem riesigen uralten Kasten lebte, erzählte er immer von Möglichkeiten, Häuser ganz ohne Technik zu klimatisieren. Für Del war das alles Unsinn. In Dels Welt lag die Lösung aller Probleme in der Technik der Zukunft. Del war für Digitalisierung überall, für neue Werkstoffe, für innovative Lösungen. König träumte noch von Privatsphäre und dem Recht auf Anonymität; für Del war das Offenlegen aller Lebensbereiche längst erstrebenswerte Realität. Xiers Alexandra zuhause hörte alles mit, xiers Smartwatch übertrug xiers Vitaldaten in alle Welt und zehn Minuten nicht erreichbar zu sein machte xiern krank. Für xiern war ‚Privatsphäre' eine Idee vergangener Zeiten. Wer nichts zu verbergen hatte, der sollte ohne Probleme alles offenlegen, sei es bei Alexandra, seiner Smartwatch oder in seinem E-Auto, das ihn oder sie oder xiern grundsätzlich filmte und alle Gespräche selbstverständlich aufzeichnete und für alle Zeiten speicherte, so wie die Smartwatch Dels Vitaldaten auch für immer und ewig auf amerikanischen Servern sicherte und abrufbar hielt, sicher vor dem Zugriff deutscher rückständiger Datenschützer*innen. Und wer etwas zu verbergen hatte, der war schlicht selbst schuld. Ein Großer Bruder wäre vielleicht doch gar nicht das Verkehrteste[22]. Überwachung versprach Sicherheit. Del versprach sich eine riesige erzieherische Wirkung davon, wenn alles für alle jederzeit überwachbar und offen war. Del wollte gar nicht mehr, dass eine Zahlung nicht registriert wurde, denn Offenheit in allem war ein überaus wichtiger Teil von Dels neuer Religion. Wer noch Bargeld nutzte und somit nicht offen und überprüfbar zu jedem einzelnen Kauf stand, der wagte es vielleicht noch, im Geheimen und verstohlen Fleisch, Zigaretten oder Alkohol

22George Orwell: 1984 (von 1948) Daraus: Big brother is watching you!

zu kaufen; also alles, dessen Produktion und Verkauf in Dels Augen schon an sich ein Verbrechen war. Und wenn er später davon krank wurde, dann konnte er noch immer von der Allgemeinheit verlangen, dass die über die Krankenkasse für ihn bezahlen sollte. Del war dafür, dass jeder, der in jungen Jahren etwas aß oder trank oder rauchte, was ihn später krank machen würde, für die Kosten auch alleine aufkäme. Solidarität verdienten in Dels Augen nur diejenigen, die sich an klare und logische Regeln hielten und das auch nachwiesen durch vollständige Offenlegung aller Daten. Wer Nutzen erbrachte, der verdiente auch Rechte. Die Unnützen nicht. So einfach war das. Del war überzeugte*r Utilitarist*in. Xiers Gott hieß Bentham und xiers Prophet Peter Singer. Als Utilitarist*in zählte für Del ausschließlich der größte Nutzen für die möglichst größte Anzahl Betroffener. Das Leid der Minderheit musste diese in Kauf nehmen; die Angehörigen der Minderheit waren ja jederzeit frei, ihre Meinung zu ändern und Teil der Mehrheit zu werden. Del war z.B. gegen allgemeine solidarische Krankenversicherungen, denn die Gesunden sind immer die Mehrheit; und wer doch einmal krank wurde, hatte allenfalls dann Anrecht auf Hilfe, wenn er wieder gesund werden würde und alles unterlassen hatte, was seine Krankheit hatte herbeiführen können. Von Solidarität mit den Schwachen hielt Del gar nichts, wenn das Kosten oder Behinderung für die Mehrheit der Gesunden bedeutete.

Nutzen galt xierm als nahezu heilig. Und Nutzen konnte man ermitteln, durch Daten, die erhoben werden konnten und deshalb auch erhoben werden mussten, ohne Gefasel über Datenschutz und Privatsphäre. Daten nicht zu verwenden, obwohl sie vorhanden waren, war für Del unerträglich. Xiers Schwester hatte von ihren Ärzt*innen während der Schwangerschaft rechtzeitig die Mitteilung erhalten, dass ihr Kind behindert sein würde, und sie hatte den schon vorgeschlagenen Termin für die von den Ärzt*innen ungefragt angesetzte Schwangerschaftsunterbrechung, die xiers Schwester allen Ernstes immer noch ‚Abtreibung' nannte, verstreichen lassen. Das Kind war geboren worden und würde sein Leben lang die Allgemeinheit belasten. Es würde niemals Nutzen empfinden oder erbringen können. Und trotzdem lebte es und verursachte Kosten, für die auch xier, Del, später würde aufkommen müssen. Er hasste xiers asoziale Schwester, die Gefühlsduseleien der reinen Logik und rationalen Abwägung vorzog. Die Welt wäre besser dran ohne ihr Kind, aber sie schwafelte von ‚Liebe'. Del hätte platzen können. Und hier in Biedenkopf waren die meisten der Meinung, sie habe recht damit. Auch der Lehrer König war überzeugter Christ und erklärter Gegner des Utilitarismus. Und sowas durfte hier unterrichten! Unfassbar! So würde die Welt sich nie vom Aberglauben und der Idiotie der Gefühle befreien können. In xiers Umfeld in Berlin verstand man xiern. Dort dachte mensch*in logisch und rational. Schnell schoss Del noch ein Selfie auf den Stufen des Brunnens und schrieb nach Berlin und in alle Welt, es habe xiern doch wieder ins Kuhkaff verschlagen, aber xier werde es überleben. Noch schnell einen Kotzsmiley drunter, und alle waren informiert.

Warum musste xier jetzt dauernd an diesen Lehrer König denken? Der Typ war für Del ein einziges rotes Tuch. Der predigte das eine und tat das andere. Er beschäftigte sich mit allem und jedem, und hatte doch von nichts richtig Ahnung. Und er war die pure Verkörperung dessen, was in den Augen fortschrittlicher Mensch*innen abgeschafft gehörte. Er verteidigte Fleischessen, wofür er im Internet bereits massive Morddrohungen von Veganer*innen und Tierrechtler*innen bekommen hatte, und blieb im Unterricht doch dabei, dass der Mensch ein Mensch und damit den Tieren übergeordnet sei. Für Del war di*er Mensch*in ein menschliches Tier, so wie Peter Singer es lehrte, und damit war ein*e kranke*r Mensch*in einem gesunden nichtmenschlichen Tier eindeutig an Rechten unterlegen. König wohnte in einem Haus, das viel zu groß war für seine kleine Familie, fuhr ein Auto mit Verbrennungsmotor, weil er E-Mobilität für das ungelöste Abfallproblem der Zukunft hielt und meinte, dass der Ressourcenverbrauch und die Bedingungen, unter denen die Rohstoffe wie seltene Erden abgebaut würden, menschenrechtsfeindlich seien; stattdessen forderte er, die

Wissenschaft solle umweltfreundliche Treibstoffe entwickeln. Ein Idiot. Ihm ging es immer in erster Linie um den Menschen und seine Rechte. Wie im 19. Jahrhundert.

Dabei war er durchaus informiert. Auch in dem Bereich, der Del so wichtig war. König wusste, dass man in der Wissenschaft gerade dabei war, ebenso die falsche Lehre von der Existenz nur zweier Geschlechter hinter sich zu lassen, wie man auch den angeblichen, von den Religionen postulierten, Unterschied zwischen Mensch und Tier mit der Vermischung von Logik und Moral überwand. Für Del als überzeugte*n Utilitarist*in gab es keine Sonderstellung der*s Mensch*innen mehr. Das menschliche Tier war in xiers Augen den nichtmenschlichen Tieren in nichts vorzuziehen. Für xiern war di*er Mensch*in ein Tier wie auch jedes andere nichtmenschliche Tier, und Königs religionsfundierte Meinung dazu fand Del zum Kotzen. König hatte in der Schule ein paar Dilemmata vorgestellt, wie sie eigentlich in den Ethikunterricht gehörten, nicht in den Religionsunterricht. Der Typ hielt sich einfach nicht an Regeln. Er bestand auch darauf, ‚Herr König' genannt zu werden, statt Christian König, was ja ein Ausweg gewesen wäre. Wenn alle Mensch*innen nur noch mit Namen angeredet würden, gäbe es bald kein ‚er' und kein ‚sie' mehr. Aber nein, König bestand auf der Anrede ‚Herr', zementierte also seine Zuordnung zum nichtexistenten männlichen Geschlecht. Was immer mensch*in ihm als Alternative anbot, er lehnt es ab. Vollidiot.

Eines dieser Dilemmata war Del besonders auf die Nerven gegangen, weil xier wusste, dass xiers Mitschüler*innen xierm da nicht würden folgen wollen. König hatte folgende Frage gestellt: Es gibt in Afrika eine Familie von Nomaden, die ein krankes Kind hat. Das Kind lebt mit der Familie weit ab jeder Zivilisation, es ist kein Arzt zu erreichen. Das Kind ist sehr schwach; man kann es nur retten, indem die Familie eines ihrer Rinder schlachtet und daraus eine Brühe macht. Egal wie man es dreht und wendet, ein Lebewesen ist tot: Das Kind oder die Kuh. Wer muss sterben: Das kranke Kind oder eine gesunde Kuh? König hatte das Dilemma sogar erweitert: Erst waren Kind und Kuh gesund, das Kind nur entkräftet. Dann war das Kind krank, würde aber gesunden, wenn es überlebte. Dann war das Kind unheilbar krank und würde in ein paar Jahren sterben. Dann war es so krank, dass es in wenigen Tagen ohnehin sterben würde. Und zum Schluss fragte er noch, was wäre, wenn es das Kind der Nachbarn wäre, die Kuh hätte man selbst aber mit eigener Hand aufgezogen. Für König blieb die Antwort immer gleich: Aus seinem christlichen Aberglauben heraus musste immer die Kuh sterben, das Kind hatte immer das weit überwiegende Recht auf Leben zu Lasten der Kuh. Und was das Schlimmste war: In dieser Deppengegend hatten die allermeisten Schüler*innen ihm zugestimmt. Die Geisteskrankheit des christlichen Menschenbildes war hier wie ein Virus fast nicht auszurotten. Del war tobend vor Zorn aus dem Klassenraum gelaufen.

Für Del als überzeugte*n Utilitarist*in zählte immer der größere Nutzen für die größere Gruppe. Da für xiern Menschen und nichtmenschliche Tiere in ihrem Wert nicht zu unterscheiden waren, hatten Kuh und Kind zunächst die exakt gleichen Rechte auf Leben und alles andere. War nun das Kind krank, konnte es nach der Lehre der Utilitarist*innen wie Peter Singer keine Legitimation dafür geben, eine gesunde Kuh für eine*n kranke*n Mensch*in zu opfern. Das kranke Kind musste also sterben, damit die gesunde Kuh lebte. Zudem überwog die Anzahl der Rinder die der Mensch*innen bei Weitem: Auch da überwog also der Nutzen für die größere Gruppe, wenn das Kind starb.

Del fand das völlig logisch und richtig. Deshalb lebte xier ja vegan, weil das alles so richtig war. Hier war xier kein*e Utilitarist*in mehr, denn eigentlich hätte im Utilitarismus die nichtvegane Mehrheit xierm ja befehlen dürfen. Aber das war für xiern natürlich falsch. Da war xier doch lieber ganz unutilitaristische*r Demokrat*in und nahm für sich als Angehörig*er*m einer Minderheit Schutzstatus in Anspruch. Bis sie, die Guten, die Mehrheit sein würden; dann würde sich alles zum Besseren wenden. Del würde aus Überzeugung auch ein eigenes Kind sterben lassen, wenn es nur durch Medizin geheilt werden könnte, die an nichtmenschlichen Tieren erprobt worden war. Die Lebensrechte der Versuchstiere mussten über dem Lebensrecht des einzelnen menschlichen Tieres stehen. Das hatte xier im Unterricht auch genauso vertreten und hatte dafür nur Widerspruch erfahren. Auch das hatte Dels Verbitterung nur erhöht. Xier war auch dafür, dass die menschlichen Tiere ihre Nahrungsvorräte mit nichtmenschlichen Tieren wie Ratten teilten, wenn diese an die Vorräte gelangen konnten und sie benötigten, zum Beispiel um ihre immer zahlenmäßig weit größere Kinderschar großzuziehen. Immerhin gab es mehr Ratten als Menschen, also überwog das Recht der größeren Gruppe. Und die menschlichen Tiere hatten eben niemals in xiers Augen irgendwelche Sonderrechte gegenüber den nichtmenschlichen Tieren zu beanspruchen.

Die von König immer so hervor gehobenen und gelobten ‚Menschenrechte' waren für Del Speziesismus pur, und damit ebenso verwerflich wie Sexismus und Rassismus. Der von Singer definierte Speziesismus lehrte in Dels Augen, dass mensch*in grundlos die eigene Spezies allen anderen gegenüber bevorzugte, was Del genauso ablehnte, wie die Bevorzugung der weißen Hautfarbe oder des männlichen Geschlechts. All das gehörte abgeschafft. Aber König hatte all diese Selbstverständlichkeiten so gedreht, dass Del mit seiner Meinung in der Klasse in Bezug auf den Speziesismus völlig alleine dagestanden hatte. König erzog die übergroße Mehrzahl seiner Schüler*innen immer noch zu überzeugten Speziesist*innen und Fleischesser*innen, und verteidigte die Ermordung von Millionen nichtmenschlicher Tiere zu Nahrungszwecken, als ob das gar nichts wäre. Für König stellte der pure Verzehr von Fleisch kein ethisches oder moralisches

Problem dar, nur Methoden der Tierhaltung wie Massentierhaltung und der quälenden Schlachtung waren für ihn moralisch verwerflich; die grundsätzliche Nutzung der nichtmenschlichen Tiere durch Mensch*innen aber niemals, denn die Menschenrechte galten in Königs Augen nur und ausschließlich für den Menschen. Er bestritt ausdrücklich, dass atheistische Philosophen für ihn, den gläubigen Christ, verpflichtende Aussagen machen dürften, das sei ja gegen die Menschenrechte. Ein Teil der Menschenrechte besagte ja, dass Menschen das Recht auf Religions- und Meinungsfreiheit haben, und das schloss Religionen wie samaritanisches Judentum, Islam und Hinduismus ein, die Opferfeste kannten und offen praktizierten.

Del war für die schnellstmögliche Abschaffung der Menschenrechte, aber den Anfang hätte xier bei genau diesen Anmaßungen gemacht: Xier hätte Religions- und Meinungsfreiheit abgeschafft, um sofort jede Schlachtung verbieten zu können. Und wieder träumte xier utilitaristisch: Eine Mehrheit von nur ein*er*m Utilitarist*in in Deutschland, und man könnte das alles verbieten. Die Minderheit hätte sich zu fügen, und alle Schlachthöfe wären von einer Minute zur anderen geschlossen. Aber König erzog ja noch anders. Und nicht nur der alleine. Noch konnte von einer veganen Mehrheit keine Rede sein. Die dümpelte bei einem Prozent der Bevölkerung, mit den Vegetarier*innen bei etwa sechs Prozent, außer Veganer*innen machten die Umfragen. Und obwohl viele Medien ein schier unaufhaltsames Wachstum des Vegetarismus und Veganismus ausmachten, blieb die Mehrheit der Bevölkerung unbelehrbar. Bisher. Und auch König würde nie ein Veganer werden. Nicht einmal ein Vegetarier, die Del als halbherzig fast ebenso verachtete wie Omnivoren. Angeblich hatte Kaiser schon ein Haus im Ausland gekauft, um Deutschland verlassen zu können, wenn es doch einmal verpflichtend vegan werden würde. Aber das wusste niemand sicher. Wahrscheinlich hatte er es bar bezahlt. Del konnte gar nicht so viel fressen, wie xier wegen dieses Typs kotzen wollte. Besonders wegen einer Sache, die Del nicht akzeptieren konnte: König hatte xierm wie der*m einzigen anderen Veganer*in und Genderbewussten in der Klasse in Religion jeweils eine Eins gegeben, da beide ihre Meinung fundiert zu begründen wussten. König würde ihnen zwar in jedem einzelnen Punkt widersprechen, aber er hielt nicht die Übernahme seiner Meinung, von ihm immer als ‚Meinungsaustausch' bezeichnet, für das eigentliche Lehrziel seines Unterrichts, sondern die Fähigkeit der Schüler und Schülerinnen, nicht nur eine Meinung zu *haben*, sondern sie sich zu bilden, zu begründen und zu hinterfragen. Er sagte sogar auf Pseudolatein: „Neque Lehrplano neque schola sed vita discimus!", also „Wir lernen nicht für Lehrplan oder Schule, sondern für das Leben!" Wie gesagt, der Dreckskerl hielt sich einfach nicht an Regeln. Er sprang im Unterricht von Thema zu Thema und stieß Verknüpfungen zwischen Gedanken an, auf die kein*e normale*r Mensch*in je von selbst gekommen wäre. Völlig unverantwortlich. Nie nur ein Thema, ohne Blick nach links und rechts, sondern immer verknüpft, aufeinander bezogen, verwirrend. Nicht die klare, logische Ordnung des Utilitarismus.

Del kochte vor Zorn. Dazu war der Typ unerträglich tolerant. Selbst ein eindeutig rechter Schüler hatte in der Klasse frei reden dürfen, war aber mit der Begründung seiner Meinung gnadenlos an König gescheitert und hielt sich seitdem sehr zurück. Del wollte nicht tolerant sein. In xiers Ohren klang „Keine Toleranz für Intoleranz" extrem gut, auch wenn xiern seit einigen Bemerkungen im Religionsunterricht das ungute Gefühl beschlich, dass auch die Unterdrückung von Intoleranz selbst zutiefst intolerant sein könnte. Aber dann war Intoleranz offensichtlich gerecht und damit gut. Del hatte sich an Demonstrationen beteiligt, bei denen alle zufälligen Passant*innen, die sich nicht bedingungslos solidarisch gezeigt hatten, öffentlich verhöhnt worden waren. Del selbst hatte zwei Männer bespuckt, die sich nicht beteiligen wollten. Xier hatte auch Camps gegen Diskriminierung mitorganisiert, bei denen alle weißen Mensch*innen von jede*r*m Mensch*in of Color unterbrochen und zurechtgewiesen werden durften, andersherum aber natürlich nicht. Xier hatte selbst zwei Weiße aufgefordert, ihre Dreadlocks abzuschneiden, da sie als Nichtschwarze eine solche schwarze Frisur nicht tragen durften. Das sei Aneignung schwarzer Kultur und damit kolonialistisch. Das war selbst einigen xiers Freund*innen zu weit gegangen, die xierm doch allen Ernstes Intoleranz vorgeworfen hatten. Aber Del wollte nichts dulden müssen, was xiers Meinung fundamental widersprach.

Del wollte recht haben und zu denen gehören, die die richtige Meinung für die neue Welt festzulegen hatten. Verbindlich für alle und unwidersprochen. Xier wusste sich da völlig im Recht. Und die Königs dieser Welt hatten da zu verschwinden. Sie störten da nur. Sie waren im Weg, der doch in eine strahlende helle Zukunft für alle führen würde, geeint unter einer einzigen unwidersprochenen guten und richtigen Meinung. Und wenn das Diktatur wäre, dann war Diktatur der bessere Weg. Wann wäre die Zeit dafür besser gewesen als heute, in der Digitalisierung? Del würde am liebsten dem Beispiel Schwedens folgen und nicht nur Pippi-Langstrumpf-Bücher verbrennen und durch umgeschriebene neue ersetzen, nein, Del würde alle Bücher verbieten und verbrennen. Einfach verbrennen, bei 451 Grad Fahrenheit in Flammen und Rauch aufgehen lassen. Als erstes die Bibliothek von Lehrer König, der sich sogar noch extra alte Exemplare der Bücher von Astrid Lindgren mit dem Wort „Negerkönig" gekauft haben sollte, als der deutsche Verlag, der Lindgren herausgab, die neuen Ausgaben längst bereinigt und umgeschrieben hatte, auch gegen den erklärten Willen der verstorbenen Autorin. Was war schon Weltliteratur? Alles musste im Fluss sein und sich immer anpassen oder angepasst werden. Duldsamkeit war Schwäche und Del lebte in der klügsten und einzig richtig denkenden Zeit aller Zeiten. Also weg mit den gedruckten Büchern, in denen Gedanken erhalten bleiben und durch die Zeiten reisen konnten. Bücher waren Gift, und notfalls redete Del da von angeblichem Umweltschutz. Dass ein fertig gedrucktes Buch bis zu seinem Ende kein einziges weiteres Gramm CO2 verursachen würde, ganz anders als jeder stromverbrauchender Reader; dass es Jahrhunderte alt werden könnte und nicht jeder neuer Besitzer ein immer neues Gerät benötigen würde; das alles hatte als falsch zu gelten, denn nur das Digitale machte das Wissen beherrschbar weil beliebig oft spurlos veränderbar. Also ins Feuer mit den Büchern, oder zumindest bei zuverlässigen Modernist*innen hinter Schloss und Riegel, wenn man unbedingt aus historischen Gründen und Gefühlsduselei einige davon doch als Belegstücke behalten wollte. Und stattdessen kostenlos alle noch erlaubten Bücher per Internet jederzeit zugänglich machen. Nur per Internet, ohne Möglichkeit des Screenshots, Downloads oder des Ausdruckens. Was nicht mehr sagbar und erlaubt war, das wäre nicht mehr zugänglich, basta. Und jeden Tag würde in den verbliebenen Texten das überarbeitet werden, was als falsch und unsagbar erkannt worden war. [23]Mensch*in würde sich befreien vom Falschen und Alten und würde nur noch lesen können, was gelesen werden dürfte. Für Del war ‚1984' keine Schreckensvision, sondern ein Versprechen, ein wunderbar gangbarer Weg. Del wollte ihn beschreiten. In allem und jedem, in jeder Faser der zu reformierenden Welt. Und heute und hier in Biedenkopf beim xierm verhassten, nationalistischen und rassistischen Grenzgang würde xier damit beginnen, mit der Veränderung gegen jeden Widerstand. Es musste sein. Xier hatte ja recht. Alle Menschen sollten verstehen, sollten überzeugt werden, sollten gleich sein. Und wer besonders gut verstanden hatte und zur Führung bestimmt war, dxier konnte noch ein bisschen gleicher sein als die anderen, um alle rechtzuleiten. In der Ferne winkten unbemerkt näherkommend die Schweine von der Farm der Tiere.

23 Matthias Revers und Richard Traunmüller in „Kölner Zeitschrift für Soziologie und Sozialpsychologie" (Band72, Ausgabe3, September 2020); https://link.springer.com/article/10.1007/s11577-020-00713-z

Del würde vielleicht eines von ihnen werden. Nur bestimmt nicht Napoleon, dafür war xier ein zu kleines Licht. Xier würde ein guter Schwatzwutz[24] sein und würde aufpassen müssen, nicht als Schneeball[25] zu enden. Das würde die Zukunft zeigen. Heute aber war xier sich sicher, recht zu haben, und das war ein gutes, erhabenes Gefühl. Xier stand auf der guten Seite. So wie Viele von sich glaubten, recht zu haben in dieser aufgeheizten Zeit. Aus schlichtweg allem konnte man Rechthaberei bis hin zur primitiven Ersatzreligion basteln. Flacherdler, Reichsbürger, Querdenker; Radikalinskis und Fanatiker jeder Couleur überboten sich mit rechthaberischem Geschwafel. Sie brüllten so laut, dass die übergroße Mehrheit, die Menschen der Mitte, der Ausgewogenheit und die, die sich einfach nach Ruhe und Frieden für alle sehnten, den Mund hielten, denn man konnte meinen, die Spinner seien inzwischen die Mehrheit. Ein unheilvoller Sieg gleich dem heilvollen des gottgesegneten Gideons[26] drohte sich zu ereignen.

Es gab z.B. auch immer noch welche, die glaubten allen Ernstes, es ginge sie etwas an, ob ein Mann mit einer Frau oder einem Mann ins Bett ging. Und wie diskutiert man mit einem, der glaubt, lebenslanger Sex mit Frauen allein berechtige einen Mann schon für einen Orden? Besonders ohne zu wissen, ob der Sex mit ihm den Frauen auch gefallen hatte. Man lässt einen solchen Schwätzer halt in Ruhe und bleibt aus der Männergesellschaft draußen, die das noch immer duldet. Immerhin kamen sogar dumme Sprüche, wenn ein Schwuler eine Fahne restaurierte, ohne etwas dafür zu verlangen, und manchen sagte es noch nicht einmal etwas, wenn die gesamte Burschenschaft ihnen wegen ihrer Sprüche den Marsch blies. Aber wie das so ist: Die Burschen von heute würden

---

24 Schwein Squealer in George Orwells Animal Farm von 1945

25 Schwein Snowball in Animal Farm, wird beseitigt (Trotzki)

26 Bibel, Buch der Richter 7, 19 - 22

irgendwann die Männer von morgen sein, und dann würde es egal sein, wer mit wem wie oft und wann, Hauptsache, ihm bedeutete der Grenzgang etwas. Und der Grenzgang zählt die Zeit in Sieben-Jahres-Schritten. Jeder Grenzgang sah deshalb ein neues Biedenkopf, voller anderer, neuer Gedanken. Und neuer Menschen.

Eigentlich wollte er doch die Bürgerschaft vereinen. Aber das ging immer schlechter. Denn sie war im Wandel, die Bürgerschaft, hier wie allerorten. Im Jahr 2015 waren viele Menschen, Männer, Frauen, Kinder, Schwangere, Alte; so viele, die vor Krieg und Leid im Namen des Islamischen Staates oder sonstiger Verbrecher flohen, die Strecke von Syrien oder Eritrea oder weiß Gott woher einfach zu Fuß gekommen. Sie waren einfach an ihrer Haustür losgegangen und hatten tausende Kilometer lang nicht mit Laufen aufgehört, bis sie endlich vor den Grenzen Europas standen. Unkontrolliert, unübersehbar, nicht zu stoppen außer mit Waffen. Nichts hatte sie aufhalten können und die Realität überrannte wieder alle Ordnungen, alle Ideen, alle Planungen. Und wieder einmal war alles offen. Die Geschichte schlug, ohne zu fragen und ohne Vorankündigung, einfach eine neue Seite auf. König würde sagen, dass ‚Der da oben' fleißig auf krummen Linien Geschichte gerade weiterschreibe.

Ob die beiden Seiten, die betroffen waren, das mochten? Die einen wollten Sicherheit und Arbeit und eine nicht tödliche Zukunft für ihre Kinder; die anderen wollten oft Sicherheit, wie sie sie kannten, Arbeit für ihre Kinder auf einem nicht unerschöpflichen Arbeitsmarkt, und ihre Kultur so behalten, wie sie bisher gewesen war. Denn es trafen nicht nur Menschen aufeinander, sondern mit ihnen Ideen, Lebensentwürfen und Normalitäten geistiger Welten. Der Orient tickte seit Jahrhunderten anders als Europa, und das war auch eine Realität. Was ist ein Mensch? Welche Regeln sollen gelten, wie wichtig ist Religion? Sind Männer anders zu behandeln als Frauen? Wer macht Regeln und Gesetze, und muss man sie alle beachten? Wie mächtig darf ein Staat sein? Darf man jetzt in Europa Mädchen beschneiden? Was ist Freiheit? Wo hat sie Enden? Was ist gute Anleitung, was Diktatur? Es gab plötzlich so unendlich vieles neu zu verhandeln. Die Zukunft konnte Angst machen, so unbekannt, wie sie mit einem Schlage wieder einmal geworden war.

Und es gab die vielen alten Baustellen, die auch die Zuwanderer voriger Zeiten so gut im Alltag kannten. Jacques' Mutter war mit ihren Kindern nach Biedenkopf gezogen und lebte hier mit ihrem neuen Mann Holger, einem Biedenköpfer Wurzelbürger. Und siehe da, da war auch schon der erste kleine Bruder von Jacques geboren worden, ein halbes Jahr vor dem Grenzgang. Jacques' Mutter Moësha war so stolz auf den kleinen Henri, und ihr Holger war noch viel stolzer. Er war Mitglied der traditionsreichen Männergesellschaft „Hewwe und drewwe der Läh" und hatte zur ersten Versammlung, zu der man einigermaßen verantwortbar ein Baby mitbringen konnte, den kleinen Henri mitgenommen und dort vorgestellt als den „Ersten echten Mohren der künftigen Grenzgänge". Man hatte ihm widersprochen, denn den hatte es nach Biedenköpfer Zählung schon längst gegeben, aber alle freuten sich trotzdem über den jungen Zuwachs. Und weil hier Biedenkopf war und nicht Berlin oder sonstwo, war das durchaus möglich. Hier zählte die Hautfarbe eigentlich nichts. Wer hier dummes Zeug schwätzte, der machte es mit seiner Hautfarbe oder seinem Geschlecht nicht einen Funken besser in den Ohren seiner hiesigen Mitbürger; es blieb dummes Geschwätz.

Lange blieb Holger natürlich nicht auf der Versammlung, er verließ sie recht bald wieder und trug den Hoffnungsträger rasch hinaus, weil der offensichtlich einerseits schlafen musste und andererseits deutlich die Windel fleißig befüllt hatte. Draußen vor der Tür wartet Moësha, seine wunderschöne Ehefrau mit den hunderten langen geflochtenen Zöpfen und den tiefschwarzen Augen. Sie hatte nicht mit hineingedurft, aber nicht, weil sie dunkelhäutig war, sondern weil Männer und Frauen getrennt tagten. Also wartete sie vor der Tür, bis ihr offensichtlich völlig verblödete Göttergatte mit dem hilflosen Säugling wieder an der frischen Luft erschien. „Geht's noch?", herrschte Moësha Holger an. „Du bist ja wohl völlig übergeschnappt?" „Wieso? Was hab ich denn gemacht?", wollte Holger ziemlich verdattert wissen. Er war nahezu nüchtern, in den Kneipen wurde seit Jahren nicht mehr geraucht und er kam mit höchsten zwei Stunden Verspätung zur üblichen Bettzeit des Säuglings heraus. Naja, vielleicht auch vier oder fünf Stunden, aber Henri hatte trotz des Lärms um ihn herum die meiste Zeit tief und fest geschlafen. „Er muss sich doch eh dran gewöhnen!", versuchte Holger es argumentativ. Zumindest hatte es in seinen grüngrauen Wurzelbürgeraugen etwas durchaus Argumentatives an sich.

Moësha aber war keine Biedenköpfer Wurzelbürgerin. Sie platzte fast vor Zorn. „Willst du ihn umbringen?" „Womit denn bloß?" „Das Kind gehört ins Bett!" „Da kommt es ja jetzt auch hin!" „Seit Stunden!" „Er hat geschlafen!" „Was ein reines Wunder ist!" Wobei das wahre Wunder war, dass Henri sogar jetzt noch selig weiterschlief. Holger strich sanft mit dem Zeigefinger seiner rechten Hand über Moëshas wunderschöne Wange. Er hätte in diesem Gefühl versinken mögen wie in einem Ozean Glückseligkeit. „Was sollte denn passieren? Wovor hast du Angst? Er war doch die ganze Zeit bei mir." Moësha sah ihn zornig an, aber in ihren Augen blitzte schon wieder der Schalk. „Ja eben, er war die ganze Zeit bei dir, und du wunderst dich, dass ich Angst um meinen Sohn habe?", frotzelte sie. „Bin ich so schlimm?", fragte Holger und umarmte sie mit links, rechts schlief ja Henri. „Da müsste ich das Wort ‚so' erst gut definiert bekommen!", gab sie zurück und sah ihn herausfordernd an. „Und?", fragte sie mit sehr eindeutigem Blick: „Was ist? Willst du heute gar keinen Mohrenkuss?" Sie liebte diesen Kosenamen; sie, der süße Mohrenkuss ihres Geliebten. Aber bevor Holger ihr noch antworten konnte, fühlte Moësha eine fremde Hand an der Schulter, die sie hart anpackte und gewaltsam herumzureißen versuchte. Sie wandte den Kopf und sah völlig überrumpelt in das vor Feindseligkeit blitzende Gesicht eines blassen weißen jungen Mannes, der sie hasserfüllt anstarrte und die Hand zum Schlag erhob.

„Du rassistische*r Verräter*in deiner Leute!", schrie Del sie aus voller Kraft an, dxier gerade zufällig des Weges gekommen war und fassungslos dieses Wort hatte hören und erdulden müssen. In xierm war etwas zerbrochen. Eigentlich war für Del längst nicht mehr wichtig, was getan oder gesagt wurde, sondern wer es sagte oder tat. Dieselbe Tat konnte von einer*m Weißen begangen falsch sein, von einer*m Schwarzen aber richtig. Derselbe Satz konnte falsch und richtig sein, je nach Hautfarbe de*r*s Akteur*in*s. Der Satz: „Alle Menschen einer bestimmten Hautfarbe sind Teufel!", ist und war eindeutig rassistisch und damit eindeutig falsch, generell. Für Del aber war er nur dann falsch, wenn ein Weißer ihn mit ‚alle Schwarzen' sagte, aber er war natürlich richtig und verteidigenswert, wenn ein Schwarzer wie Muhammad Ali[27] ihn mit ‚alle Weißen' brüllte, selbst wenn Del sich damit selbst zum bekämpfenswerten Teufel erklärte. Nicht mehr der Inhalt eines Satzes war wichtig, sondern die Hautfarbe der*s*jenigen, dxier den Satz sagte. Del liebte es, die Welt in Hautfarben einzuteilen, die schlechte weiße und alle anderen guten. Denn xier war davon überzeugt, dass alle Schwarzen gleich dachten, fühlten, einig waren, nämlich einheitlich schwarz. Überlegen. Gut. Besser. Und jetzt das. Wofür kämpfte xier denn, wenn xierm diese schwarze Frau so in

---

27In einem Fernsehinterview mit Michael Parkinson äußerte der Boxer Muhammad Ali 1974 diesen rassistischen Satz mehrfach, der in der Nation of Islam gang und gäbe war. Er bestritt auch, dass er mit einem Weißen befreundet sei oder sein könnte. Weiße seien nur Partner (associates), ein Wort das im islamischen Kontext auch ذمّي ‚dhimmi', also Schutzbefohlene, der Herrschaft des Islams unterstellte geduldete Nichtmuslime bedeuten kann. Später distanzierte er sich in Worten und Taten davon.

den Rücken fiel? Xier hatte schon Bücher gelesen, in denen weiße Männer es immer noch wagten, über Schwarze zu schreiben, auch über schwarze Frauen. Das war zutiefst unanständig in xiers Augen, das musste verboten werden. Nur Schwarze durften über Schwarze schreiben, denn nur sie allein wussten, was richtig war. Das war in Dels Augen kein Rassismus, sondern schlicht die Wahrheit. Kein Weißer durfte sich jemals wieder anmaßen, Schwarze zu thematisieren. Nur Schwarze hatten das Recht, sich über alle Menschen zu äußern. Auch über Weiße. Die Zukunft musste schwarz sein. Und jetzt das. Del war schon ohnehin geschockt von einigen unbelehrbaren Schwarzen, die sich einbildeten, selbst entscheiden zu dürfen, wann sie sich rassistisch beleidigt fühlten.

So wie der Kieler Koch und Restaurantbesitzer Andrew Onuegbu, der sich seit 2007 nicht schämte, sein Restaurant nach seinem Spitznamen bei seinen schwarzen Freunden benannt zu haben, nämlich „Zum Mohrenkopf". Überzeugte schwarze und weiße Antifaschist*innen hatten mehrfach versucht, den Unbelehrbaren darauf hinzuweisen, dass auch er als selbst Betroffener das Wort ‚Mohrenkopf' niemals verwenden dürfe, worauf er in einer Fernsehsendung doch tatsächlich geantwortet hatte, dass er es schlimm finde, wenn Leute ihm sagten, wann seine Gefühle verletzt seien. Er brauche dazu keine zweite oder weiße Person.[28] Eine solche Person konnte eine*n erklärte*n Antirassist*in*en wie Del mit solchen Äußerungen schier zum Platzen bringen, wenn dxier solchen Unsinn nur hörte. Und jetzt, hier, mitten auf der Straße, live: Eine schwarze Frau, die redete wie ein*e Weiße*r. „Wie kannst du es wagen? Wie kannst du es wagen? ‚Mohrenkuss' ist rassistisch, das darf man nicht sagen! Niemand darf das noch! Auch du nicht!

28 Fernsehsendung Hart aber fair, WDR, Erstausstrahlung 5.10.2020. Andrew Onuegbu wurde dabei von dem Theologen und Journalisten Stephan Anpalagan belehrt, dass auch wenn Herr Onuegbu als betroffener Mensch das so sage, das nicht heiße, dass das so gehe. Es gehe nicht.

Du beleidigst dich selbst damit! Wie dumm kannst du sein? Wie kannst du es wagen?“ Hätte Holger nicht in diesem Moment die erhobene Hand abgefangen, hätte Del die perplexe Moësha mit voller Wucht ins Gesicht geschlagen. Ein herbei geeilter Mann nahm Holger den noch schlafenden Henri ab und kümmerte sich um das Kind. Holger rang den japsenden Del nieder und setzte sich auf seinen Rücken, während er die übrigen Biedenköpfer zu Hilfe rief. Er hätte den jungen Burschen, der Del in seinen Augen eindeutig war, zu gerne selbst windelweich geprügelt, war aber klug genug, sich nicht selbst durch gezielte Brutalität ins Unrecht zu setzen.

Del brüllte vor Zorn und Enttäuschung auf wie ein Stier. Xier kämpfte gegen den Mann auf xiers Rücken an, hörte, wie die Polizei gerufen wurde und fühlte sich so verloren. „Ihr Rassisten!“, brüllte xier aus voller Kraft, und diesmal genderte xier aus Überzeugung nicht. „Ihr elenden alten weißen Männer! Ihr Verlierer! Ihr werdet verlieren! Ich werde siegen!“

Jetzt wurde es Moësha deutlich zu viel. Sie ging auf ein Knie und sah dem hochroten keuchenden jungen Mann da auf dem Boden herausfordernd in die Augen. „Siegen wirst du? Bist du denn im Krieg, du Hosentaschenkrieger, du? Soll ich dir mal was sagen? Hör mir gut zu: Der einzige Rassist hier, der bist du! Du bist hier der weiße Herrenmensch, der mir schwarzen Frau sagen will, was ich zu sagen, zu denken, zu fühlen und für richtig zu halten habe. Du bist der, der weiße Menschen beschimpft, nur weil sie nicht schwarz sind, also in deinen dummen, primitiven Äuglein die falsche Hautfarbe haben. *Das* ist Rassismus, richtige und falsche Hautfarben zu kennen. Es gibt nämlich keine schlechte Hautfarbe! Außer für Rassisten! Du bist hier der einzige rassistische weiße Herrenmensch, der weiß, was angeblich für alle gut und richtig ist! Du willst mich schlagen, weil ich sage, was ich als schwarze Frau für mich und mein Leben für richtig und gut halte? *Du* willst *mir* vorschreiben, was ich mir von keinem Schwarzen vorschreiben lassen würde? Du erbärmlicher weißer Dummschwätzer du!" Moësha kochte innerlich wie ein Vulkan. Sie war diskriminiert worden, ihr Leben lang. Diskriminiert als Schwarze, als Frau und als schwarze Frau. Sie wusste, was Diskriminierung ist, und sie erkannte sie in jeder Verkleidung, sei es Faschismus, sei es Gut- oder Bessermenschentum. Sie stand auf und stand mit einem Male sehr gerade da: „*Ich* bin die, die bestimmt, was *ich* sage, denke und fühle! Ich alleine! Haben mich alle gehört, die mir meine Freiheit nehmen wollen? Egal für welche Wahrheit ihr mich unterdrücken wollt, lasst mich damit in Ruhe! Eine solche Wahrheit ist immer Lüge! *Ich* allein bin die Herrin meines Lebens, sonst niemand! Und erst recht kein dahergelaufener doofer weißer Junge mit einem dicken Haufen Scheiße im Kopf! Ob ich meinem geliebten Mann, egal welche Hautfarbe er hat, einen Mohrenkuss geben will, geht dich nichts an, denn du bist weiß! Ja, ich verbiete dir, etwas Bestimmtes zu sagen, weil du weiß bist! Ich verbiete es dir aufgrund deiner Hautfarbe! Und damit diskriminiere ich dich, weil du weiß bist, du dummer Junge! Mich diskriminiert ungestraft nie wieder irgendjemand, nicht Mann, nicht Frau, nicht weiß, nicht schwarz; niemand!" Damit drehte sie sich um, nahm Henri auf den Arm, der doch tatsächlich den Heldenauftritt seiner Mutter verschlafen hatte, und ging nach Hause. Sie verzichtete auf eine Anzeige gegen Del, dxier am nächsten Tag Biedenkopf verließ und niemals zurückkehrte. Dieser und alle Grenzgänge danach mussten und durften ohne xiern stattfinden. Xier blieb in Berlin, wo xiern doch wenigstens viele verstanden, wenn auch nicht einmal dort alle, nicht einmal die Mehrheit. Aber immerhin doch eine genügend große, sich gegenseitig befeuernde Minderheit für einen erfüllten Alltag im eigenen Saft und wirre Träume von einer angeblich besseren Welt und Dels Privattraum: Einem Exlehrer Christian König ohne jede weitere Lehrbefugnis.

Burschenschaft
2019
Oberstadt

2026 Viele Wahrheiten

Wieder waren sieben Jahre vergangen, sieben Jahre, in denen sich die Erde weitergedreht hatte und noch immer nicht alle Arten von Extremismus aus den Köpfen der Menschen verschwunden waren. Die Biedenköpfer bereiteten sich wieder auf ihren Grenzgang vor, aber diesmal nicht nur die. 2019 hatten sechs Auswärtige allen Ernstes mit einer Torte versucht, den Mohren abzufangen und ihn zu zwingen, sich abzuschminken, wenn er sich die Reste der Torte aus dem Gesicht wischen musste. Allerdings war das ungute Zahlenverhältnis 13000 - 15000 zu sechs dann doch hinderlich gewesen; die Torte war von den Begleitern des Mohren einfach in den Wald geworfen und der kleinen Gruppe bedeutet worden, sie wolle es doch der Torte gleichtun und sich doch bitte verkrümeln, wenn sie nicht doch leichte, denkbar nett gemeinte Schläge oder eine Verhaftung kassieren wollte. Völlig unbemerkt von den allermeisten Grenzgängern war die Gruppe verschwunden und hatte weder während ihrer Anwesenheit noch danach einen irgendwie bleibenden Eindruck hinterlassen. Aber die verhinderten Tortenwerfer hatten sich fest vorgenommen, diesmal den in ihren Augen so abscheulichen Mohren abzuschminken und damit zu demaskieren. Sie hatten sieben Jahre Zeit gehabt, sich gegenseitig ihres eingebildeten Rechtes zu versichern, gegen diese Figur vorzugehen und ihre von ihnen selbst verordnete ethische und moralische Überlegenheit zu proklamieren. Geholfen hatte ihnen dabei eine weltweite Bewegung, die sich nach dem Tod mehrerer schwarzer Opfer von Polizeiterror, wie zB. George Floyd und Rayshard Brooks, in den Vereinigten Staaten formiert hatte und mit dem eigentlich überaus berechtigten Anliegen, Schwarzen endlich Gerechtigkeit zuteil werden zu lassen, inzwischen dazu übergegangen war, jetzt Weiße zu diskriminieren. Wie Del waren sie beseelt von ihrer Sendung für die Menschheit und wild entschlossen, in einem Handstreich alles zu beseitigen, was sie nicht dulden wollten, egal, ob sie es verstanden hatten oder nicht. Und in Biedenkopf bereiteten sich Burschen darauf vor, ihren Mohren gegen alle Arten von Angriffen zu verteidigen. Dass genau das das Ende des Grenzganges bedeuten würde, wenn es tatsächlich zu Verletzten käme, war den Verteidigern nicht wirklich klar und wurde von den Angreifern billigend ins Kauf genommen. Torten hatten ihr Ziel nicht erreicht, also mussten diesmal härtere Geschütze aufgefahren werden. Und beide gleich extremistischen Seiten vergaßen völlig, dass auf der jeweils anderen Seite einfach Menschen standen, die es wagten, eine andere als die eigene Meinung zu haben und zu vertreten. Und beide Seiten fühlten sich absolut und keinen Widerspruch duldend im Recht. Der Grenzgang 2026 konnte zum Wendepunkt werden.

Die Standpunkte waren mehr als klar. Es gab gut und böse, richtig und falsch, und nichts, aber auch wirklich gar nichts dazwischen. In Amerika töteten Polizistinnen und Polizisten schwarze oder dunkelhäutige Menschen zwar genauso blindwütig wie weiße oder andersfarbige Bürger des eigenen Landes, aber es war tatsächlich absolut unverhältnismäßig gefährlicher, schwarz zu sein, wenn man eine Verkehrkontrolle überleben wollte oder sich wagte, einen Kapuzenpulli zu tragen, einzukaufen oder das Haus zu verlassen. Schwarz sein hieß, viel schneller tot zu sein, im Gefängnis oder in der Todeszelle zu landen oder schlicht das Leben zur Hölle gemacht zu bekommen, als wenn man weiß war. Das war keine Behauptung, sondern täglich tausendfache Realität. Schwarz und Frau oder schwarz und queer waren jeweils dazu noch eine Steigerung der Lebensgefahr durch weiße Polizistinnen und Polizisten, die nur weiße Ignoranten der Oberschicht nicht zur Kenntnis nehmen konnten. Und getrieben von diesen Fakten wurde ein großer ideologischer Kessel aufgestellt, in den alles kam, was irgendwie dazu zu passen schien, und aus allem wurde eine wieder in sich giftige Brühe gekocht, die die gesamte Gesellschaft zu vergiften drohte. Und deshalb rannten plötzlich am dritten Tag aus dem Dickicht am Wege 30 Vermummte, die mit Torten und Knüppeln bewaffnet sich dem Mohr in den Weg stellten und ihn mit der ersten Torte bewarfen. Sie flog weit vorbei.

Der Mohr stand da und starrte die Angreifer an. Was geschah hier? Man sah ihm an, dass er nicht begreifen konnte, warum das, wofür er Jahre gerackert und durchaus Geld investiert hatte, weil es für ihn wie für die meisten seiner Mitbürger die höchste Ehre war, die er sich vorstellen konnte, einen Grund für einen echten Mordanschlag auf ihn darstellen sollte. Er tat niemandem etwas zu leide, er lebte nur gewachsene Tradition und die eigene überlieferte Kultur, sonst nichts. Also nichts, wofür er sich hätte schämen müssen. In seinen Augen absolut gar nichts.

Wäre es ein Grenzgang in Afrika oder Tibet oder Lateinamerika, und die Einheimischen dort würden sich weiß anmalen, warum auch immer; die Aggressoren hätten es wunderbar und höchst schützenswert gefunden. Aber das waren ja auch Nichteuropäer, die in ihren Augen andere, weitergehende Rechte hatten als die Weißen. Für sie gab es eine schlechte Hautfarbe, die unterdrückt und gemaßregelt gehörte: Die weiße. Sie dachten allen Ernstes so, und bildeten sich sogar ein, damit irgendetwas irgendwie Gutes zu verteidigen oder zu bewirken; denn sie waren Rassisten durch und durch. Aggressive Rassisten und Rassistinnen. Und deshalb waren sie nicht intellektuell imstande, den Mohr zu verstehen. So wie angebliche Umwelt- und Klimaschützer, die Baumhäuser mit Plastikbahnen und Plexiglasscheiben bauten und ohne stromfressende Handys aus Kunststoff und Seltenen Erden und Internet mit Kupferkabeln und Funkmasten ihren Widerstand nicht organisieren konnten ja auch nicht verstanden, was der Natur tatsächlich schadet. Sie dachten in primitiven kleinen Denkabschnitten; echte tiefere Zusammenhänge waren und blieben ihnen zutiefst fremd.

Der Mohr aber kochte jetzt vor Wut über die dummen Kinder. In seiner Stadt, in der es nie schwarze Sklaven gegeben hatte, gab es keinen Grund nicht weiterhin zu tun, was seit Jahrhunderten getan wurde, und zwar ohne dass davon einem Bürger Biedenkopfs oder sonst jemandem auf diesem Erdkreis jemals ein Schaden entstanden wäre. Hier, in einem Umfeld, in dem schwarz angemalt zu werden niemanden verspotten sollte, niemanden zu einem Menschen zweiter Klasse degradierte, sondern im Gegenteil zum bewunderten Mittelpunkt eines identitätsstiftenden Festes machte, tat er nichts, wofür er sich schämen musste, wenn er sich mit bester schwarzer Theaterschminke das Gesicht für drei Tage schwarz schminken ließ. In Biedenkopf verteilte er schwarze Farbe auf die Wangen; Schwarz, das Glück für sieben Jahre verhieß. Absolut nichts daran war diskriminierend. Nichts. Und deshalb stieg im Mohren unbändige Wut auf, wohlverdiente Wut über die Arroganz und Selbstverliebtheit derjenigen, die nichts fragten, nichts untersuchten, sondern gefangen in ihren wirren Vorurteilen und festgefügten Dogmen in der überheblichen Absicht gekommen waren, allen anderen ihren lächerlichen Willen, ihr bisschen zusammengeklaute Überzeugung aufzuzwingen. Seine Augen begannen vor Wut und gezämter Energie zu glitzern und zu funkeln. Er, der Mohr, wollte in Frieden feiern und nicht von solchen Halbwüchsigen gestört werden, die im ganzen Leben noch nichts geleistet hatten, außer Unsinn zu noch größerem Mist umzuwandeln und ungefragt in die Welt zu posaunen . „Alle Biedenköpfer zu mir!", rief er deshalb plötzlich aus voller Kehle, und jede Musik verstummte mit einem Schlag. Alle Blicke wandten sich dieser wirren Szene zu, und plötzlich spürten die Aggressoren in ihrem Rücken, dass sich da eine gewaltige Menschenmenge gegen sie wandte. Das Gefühl war kein gutes. Als wären es glühende Nadeln, fühlten sie plötzlich unzählbar viele Augenpaare auf sich gerichtet, Augenpaare, deren Besitzer alle, aber auch wirklich alle auf der Seite des Mohren waren.

Die Angreifer wandten sich um und erstarrten. Viele der Grenzgänger hatten sich die schwarze Theaterschminke und den kleinen Schminkschwamm, die Erkennungszeichen dafür, dass man bei der Burschenschaft Oberstadt am ersten und am zweiten Tag unter der Fahne gewesen war, tatsächlich mitgenommen und nun standen da frisch geschminkt über 10.000 Mohren und starrten die 30 Angreifer an. Das Zahlenverhältnis war deutlich, das verstand man sogar als Marburger linksaußenextremistische*r Student*in ohne Taschenrechner. Außerdem war auch noch genügend schwarze Schminke übrig, um notfalls auch die Angreifer zu schwärzen. Jeder und jede, der und die so dastand sagte mit dem eigenen Gesicht: Ich bin der Mohr von Biedenkopf. Je suis le Mohr, so zu sagen. Jeder, der da stand und das Gesicht schwarz hatte, stand da im Bewusstsein, sein Menschenrecht zu verteidigen gegen Intoleranz und Extremismus. So wie man sie verteidigt hatte gegen die Extremisten in Nizza und London und Paris, im Bataclan und nach Charlie Hebdo, und auf den Promenades des Anglais, nach dem Weihnachtsmarkt in Berlin und nach dem Massaker von Utøja, so verteidigte man auch hier die Freiheit, in einer freien, bunten und unterschiedlichen Welt zu leben, ohne Angst und ohne Hass; in einer bunten Welt, die zwar begrenzt wurde von schwarz und weiß, aber die nicht nur so trist war wie ein Film in einem alten Fernseher. Ja, so war die Welt nun einmal; nicht nur absolut schwarz oder absolut weiß; nein, sie wies Grautöne auf und alle Farben zwischen schwarz und weiß obendrein.

Langsam traten die Sappeure, der Bürgeroberst und die anderen Honoratioren des Grenzganges vor, begleitet von der Polizei, und stellten sich vor den Mohren. Und plötzlich begann eine nicht gerufene, nicht geplante, nicht gestartet Woge von tausenden Grenzgängerinnen und Grenzgängern nach vorne zu fluten, umringte ihren Mohren wie eine feste Wand und trieb die 30 Angreifer*innen langsam aber siegreich ohne einen einzigen

Schlag, ohne irgendeine Art von Gewaltanwendung seitens der Grenzgänger, zurück in den Wald. Der Anschlag war misslungen. Einzelne der Tortenbewaffnet*innen versuchten lauthals, ihre Parolen loszuwerden, aber niemand hörte ihnen zu. Eine Viertelstunde später war der Spuk vorbei. Sechs Torten lagen im Wald, drei hatte man den Aggressoren abgenommen und überlegte sie zu essen und vier hatten sie wieder mitgenommen. Nur eine war geworfen worden und hatte ihr Ziel weit verfehlt. Und hatte bewiesen, dass die Angreiferinnen und Angreifer aber auch gar nichts verstanden hatten. Wie auch, sie wussten ja nichts über den Grenzgang; sieben von ihnen waren aus Marburg, zwei aus Leipzig, einer aus Gießen, eine aus Frankfurt und der Rest aus Berlin, darunter drei Kriminelle die glaubten, aufgrund ihrer Meinung über dem Gesetz zu stehen. Aber selbst wenn alle Torten den Mohren getroffen hätten, wäre nach der letzten der Mohr sofort wieder schwarz geschminkt worden und alles wäre gewesen, als hätte dümmlich-kriminelle Intoleranz keinen Platz in der Welt. Jeder Tortenvorrat ging einmal zur Neige, aber nicht die schwarze Schminke bei diesem Grenzgang. Und bei allen anderen, bei denen der Mohr in Gefahr sein würde.

Denn es war gut, richtig und politisch richtig, wenn auch vielleicht nicht politisch korrekt, den Mohren zu verteidigen. Es gab ja mehr als eine Wahrheit und mehr als eine einzig richtige Weltsicht. Was politisch korrekt war, *konnte* gut und richtig sein, aber es *musste* es nicht. Nicht für alle Menschen. Wie jeder absolute und damit absolutistische Wahrheitsanspruch war auch der des Politisch Korrekten als alleinige Wahrheit falsch.
Berlin und Biedenkopf lagen beide in Deutschland, in beiden galt das Gesetz der Schwerkraft und beide begannen mit ‚B'. Damit waren alle Gemeinsamkeiten aufgezählt. Trotzdem kamen Berliner*innen, wie sich viele dort selbst bezeichneten, immer wieder auf die absurde Idee, dass sie zu wissen hätten, was in Biedenkopf richtig zu sein hatte und was falsch. Eines war ja aus

der Sicht urbaner Atheist*innen klar: Gäbe es Gott*in, dann hätte sie*/er*/xier alle Großstädter*innen zu Herr*innen der Deutungshoheit über die Welt bestimmt. Basta. Aber diese Idee war so lustig wie blödsinnig. Und langsam formierte sich in Biedenkopf wie überall Widerstand gegen diese Anmaßung einiger elitärer Kreise der urbanen Großstadt, weil es höchste Zeit war, diesem Unsinn entgegen zu treten, bevor noch wirklicher Schaden daraus erwachsen würde. Überall schossen Demagoginnen und Spalter aus dem Boden, die aus den offensichtlichen Ungerechtigkeiten und Verrücktheiten des Politisch Korrekten Vorteil zogen und das Gefühl des Abgehängtseins züchteten. Bevor diese Unheilstifterinnen und Chaosstifter zu sehr Macht bekämen, mussten die Demokraten und Demokratinnen ihnen den richtigen Teil ihrer Argumente abnehmen, um den verbrecherischen Teil umso klarer hervortreten zu lassen. Deshalb wuchs unter den Gebildeten auf dem Land wie in den Städten der Widerstand gegen die dümmliche Dominanz gewisser Großstädter. Ebensowenig, wie man sich in Biedenkopf vom Prediger einer Madrasa, einer Koranschule, des IS hätte belehren lassen, ließ man sich von Berlinern und Marburgern vorschreiben, was man zu tun und zu lassen, zu denken und nicht zu denken hatte. Es war höchste Zeit dafür. Das flache Land brauchte und verdiente keine besserwisserische Belehrung durch urbane Schwätzerinnen und Schwätzer; es musste sein Recht auf seine eigene angestammte Wahrheit gegen sie behaupten. So wie gegen Nazis, Querdenker, QAnonler und Flacherdler und alle anderen...!

Die Spaltung in den Köpfen wuchs, und sie wurde heftig befeuert durch die immer gleiche radikale Idee, man müsse eine Alternative sein und eine solche anbieten gegen das bisher Richtige, gegen die tradierten Regeln, gegen das Gewachsene, egal wann, egal was, egal wo. Berliner linke Szeneviertel mussten in dieser Phantasiewelt notfalls kriminell vorgeben dürfen, was in einer mittelhessischen Kleinstadt als richtig zu gelten hatte, allein weil die brüllenden Besserwisser*innen aus Berlin waren. Und die Alternativen waren immer radikal und selbstgefällig, egal ob es die rechte oder linke Alternative sein sollte. Für beide Richtungen war ihre Meinung alternativlos und nur sie hatten den Stein der Weisen entweder mit der Muttermilch eingesogen oder mit Löffeln gefressen. Und beide Seiten irrten sich so unendlich. Sie beide waren keine Alternative zu irgendetwas außer zu einem normalen, zivilisiert geordneten Zusammenleben von Menschen verschiedener Meinung und Weltanschauung. Die Rechten verherrlichten eine Vergangenheit, die es so nie gegeben hatte und die Linken wollten die tatsächliche Vergangenheit auslöschen und sich eine neue, ebenfalls nie existiert habende erfinden. Sie waren beide nur das Spiegelbild der jeweils anderen Intoleranz und Spinnerei.

Die Rechten schwafelten von echtem Volkstum und einer einheitlich deutschen Kultur, so als ob es gar keine Unterschiede gäbe zwischen Friesen und Bayern, Hessen und Sachsen, Berlinern und Dortmundern, Frankfurtern und Offenbachern; und die Linken schwadronierten davon, dass es niemals irgendeine christlich-abendländische Kultur mit einer deutschen Prägung gegeben habe, sondern fabulierten sich eine Mischkultur mit möglichst vielen außer- oder noch besser antichristlichen Einflüssen zusammen, die es so nie geben hatte, aber exakt dem entsprach, wie sie sich die Zukunft wünschten. Da wurde aus winzigen Versatzstücken eine starke Beeinflussung Europas durch den Islam erfunden, die so weit ging, das man die Rolle der orientalischen Christen als echten Übermittlern der antiken Kultur innerhab der Islamischen Welt, die Rolle der Flucht der christlichen Oberschicht des byzantinischen Reiches vor der drohenden Eroberung durch den Islam einfach ignorierte und so behandelte, als handele es sich dabei um Fantasy, allen historischen Dokumenten zum Trotz. Es passte nicht ins

Weltbild, also wurde es ignoriert und bestritten. Und wie es so ist, schossen alle Extremisten über jedes vernünftige Ziel hinaus.

Es war unbestritten völlig richtig, gegen Rassismus zu sein und ihn zu bekämpfen, wo immer er auftrat; aber der Mohr von Biedenkopf war nicht ‚The Jazzsinger'. Hier wurde niemand schwarz geschminkt, um die angebliche Unterlegenheit afrikanischer Menschen zu konstruieren. Hier war schwarz geschminkt zu sein die höchste zu vergebende Ehre. Was in Berin richtig sein mochte, konnte in Biedenkopf falsch sein. Wenn in einem Karneval der Kulturen in einer deutschen Großstadt alles willkommen war außer einheimischen Trachtengruppen, dann stimmte da etwas nicht. Wenn jede Kultur willkommen war, nur nicht die seit Jahrhunderten beheimatete, dann war etwas aus dem Lot und spaltete die Gesellschaft.

Hier in Mittelhessen wie ein vielen ländlichen Gebieten gab es eine solche jahrhunderte alte Kultur, eindeutig und unwiderlegbar geprägt vom Christentum und der deutschen Sprache, den Gegebenheiten einer bäuerlichen Kultur mit ihrer eigenen Sicht auf die Bedeutung von Grund und Boden, Eigentum, Rechten und der Einteilung der Landschaft in Wald und Grünland. Nichts hier war so wie es war ohne die Menschen, die hier lebten. Nur Großstädter konnten auf die Idee kommen, dass dieser Wald, diese Wiesen, dieser Flusslauf natürlich wären. Denn tatsächlich war hier alles Kulturlandschaft. Die Berge waren bis ins 19. Jahrhundert praktisch völlig kahl gewesen und es war nur den Förstern und ihren Gehilfen zu verdanken, dass sich hier jetzt wieder große Waldgebiete erstreckten, die gerade wieder einem gesteuerten und moderierten Wandel unterzogen wurden, um den Anforderungen des erneuten Klimawandels genügen zu können. Der hatte schon seit den Trockenjahren 2018 und 19 deutliche Spuren hinterlassen, ganze Baumarten wie die Fichte waren praktisch innerhalb zweier Jahre hier im Hinterland und im benachbarten Wittgenstein so gut wie ausgestorben. Der Umbau des Waldes war in vollem Gange und würde wieder eine Generationenaufgabe werden. Wer Natur bewahren und Wälder aufbauen will, der darf nicht den Fehler machen zu glauben, zehn Jahre seien eine lange Zeit. In der künstlichen modernen Welt mag das für Vieles zutreffen; in der natürlichen Welt ist das schlicht falsch.

Und hier, im Hinterland, da war das Vielen noch bewusst. Hier kannte man noch Jahreszeiten, Jahre und Dauer. Man sah, wie Leben verging und neu entstand. Und das lehrte viele Hinterländer noch immer Demut, und damit eine Tugend, die den Studenten in der Regel völlig abging. Sie hatten von nichts Ahnung aber zu allem eine Meinung, und dazu die Überzeugung, jeder müsse ihre Meinung für das halten, was alle Menchen zu tun hätten. Klug waren sie noch nicht, aber sie waren ja noch jung. Irgendwann würden auch sie anfangen zu denken. Denn echtes Denken lehrt irgendwann auch den Borniertesten Toleranz. Biedenkopf war ein guter Ort, um das Denken in langen Zeiträumen zu erlernen. Selbst diese Radikalinskis blieben ja eingeladen, nach Biedenkopf zu kommen, und zwar gerne zu jedem neuen Grenzgang, immer in sieben Jahren. Und irgendwann würden sie eventuell sogar lernen, andere Menschen in aller Welt zu respektieren und alle Menschen gleich zu behandeln, egal, welche Hautfarbe sie hatten. Sogar Menschen mit weißer Haut. Eventuell. Es konnten ja manchmal auch Wunder geschehen. Und bis dahin würde, egal wie lange es dauerte, der Mohr von Biedenkopf weiterhin tanzen. Alle sieben Jahre.

Burschenschaft
Oberstadt
Grenzgang
2012

2033 Der Stein, die Grenze,...

Jacques war nach Biedenkopf zurückgekehrt und war in die Männergesellschaft Oberstadt eingetreten. Er hatte sich zur Wahl gestellt. Eigentlich wollte er nur Wettläufer werden, aber siehe da, alle waren sich einig, dass das das falsche Amt für ihn gewesen wäre. Von allen Seiten bedrängt, hatte er sich breitschlagen lassen, für etwas ganz anderes zu kandidieren. Und siehe da, auch der Bart war rechtzeitig vor der Wahl gewachsen.

Zum ersten Mal gab es eine muslimische Männergesellschaft sowie eine reine Frauenschaft, die keiner Männergesellschaft zugeordnet war. Und auch in den traditionellen Gesellschaften hatte sich vieles geändert. Zwei hatten Männerführer, die mit einem Mann verheiratet waren, ein Männerführer stammte aus Kolumbien und zwei Fahnenträger waren zum Christentum übergetretene Deutsche, die als Iraner ins Land gekommen waren. Biedenkopf war Kleindeutschland in so vielem, aber wer will auch die Zeiten aufhalten? Hier stromerten keine heidnischen Chatten mehr durch dichte Urwälder, also musste auch jetzt nichts so bleiben, wie es vor hundertfünfzig Jahren gewesen war.

Aber eine Entwicklung war gar nicht so neu, aber doch gleichzeitig auch eine Wende hin zur neuen Wirklichkeit: Zum ersten Mal gab es in Biedenkopf einen Mohren, dessen Wurzeln tatsächlich noch eine Generation zuvor in Afrika lagen. Die Frage, ob er sich schwarz anmalen sollte, beantwortete er selbst. Natürlich sollte er. Wie sonst hätte er denn sonst Schwarz, die Farbe des Glücks in Biedenkopf, auf weiße Wangen verteilen sollen? Denn was und welche Farbe steht noch immer in Biedenkopf für das Fest, das alle vereinen sollte, unabhängig von Hautfarbe, empfundenem oder gelebtem Geschlecht, Herkunft, Religion und Kultur? Der Grenzgang mit seinem Mohren. Und damit die Farbe Schwarz.

Und so tanzte Jacques, mit seinen gerade einmal 27 Jahren einer der sicher jüngsten Mohren aller Zeiten, den Säbel schwingend zur Musik der Blaskapellen über den Marktplatz von Biedenkopf und lachte ein so fröhliches Lachen in die Menge, dass niemand daran zweifeln konnte: Das war Biedenkopf. Das war sein Mohr. Das war richtig so, das würde richtig bleiben, und Biedenkopf hatte das Recht darauf. Und ginge es nach Jacques, hieße der nächste Mohr Kevin. Denn der war längst nach Biedenkopf zurückgezogen mit seiner Frau Erla, einer Schwedin, und seinen zwei Kindern, Bastian und Thea, und stand mit den Männern der Oberstadt zusammen und wartete auf den Losmarsch. Kevin war ins Schenkbarsche Haus gezogen und leitete das dortige Museum, das Stadt und Landkreis zusammen betrieben. Jacques würde bleiben. Hier war Heimat. Seine Heimat. Egal, welche Farbe seine Haut hatte, egal woher seine Eltern stammten. Hier war Biedenkopf, hier gehörte er hin.

Er war der Mohr eines Festes, bei dem an allen Ecken Marschmusik erklang, aber niemand marschierte dazu, schon gar nicht in den Krieg, denn bei Gott: Wenn die Biedenköpfer Burschen eines schon seit etlichen Grenzgängen nicht mehr konnten, dann war es im Gleichschritt marschieren, und die Männer waren ihnen da in nichts voraus. Der Gleichschritt, den die Biedenköpfer Burschen 1914 zu Marschmusik noch so gut beherrscht hatten, als sie freudig in den Tod für Kaiser und Vaterland gezogen waren, treu dem verlogensten und idiotischsten aller Motti „Süß und ehrenhaft ist es, fürs Vaterland zu sterben"; nein, diese Idiotie war in Biedenkopf vorbei. Hier tanzte ein schwarzer Mann über den Markt, wenn

Marschmusik erklang. In Biedenkopf verhieß Marschmusik Feier, nicht Tod. Eine Feier aller mit allen Menschen guten Willens, Fest und Freude für alle, die sich mit allen anderen friedlich freuen konnten, ohne sich selbst über alle anderen zu stellen. Ein Tanz eines schwarzen Mannes, der unter der schwarzen Farbe in der Regel weiß war und so bewies, dass die Farbe der Haut nichts und der Mensch darunter alles ist. Und dass das Herz eines guten Menschen keine Farbe hat, außer das Rot des Blutes aller Menschen. Und jetzt war sogar die Haut des Mannes schwarz unter der schwarzen Farbe darüber. Und niemanden hier störte es. Die Welt konnte so herrlich sein.

Jacques war die Grenze in der Zeit seit seiner Wahl mehrfach mit den Wettläufern zusammen abgelaufen und kannte dort inzwischen auch im Dunkeln jeden einzelnen

Stein

entlang der viele Kilometer langen, alle noch so schwierigen Hindernisse überwindenden

Grenze

zu den Nachbargemeinden, und so würde es bleiben; er ein Mohr in einer endlos langen Kette, wenn es nach ihm ginge bis in alle

Ewigkeit!

GB
1777

Da ich es auch nicht mag, wenn Menschen ein Kino vor dem Ende des Abspannes verlassen und damit die nicht ehren, die sich die Arbeit gemacht haben, auch hier, nach allem anderen, noch ein paar Gedanken, die mir wirklich wichtig sind:

Liebe Leserinnen, liebe Leser!

Ja, ich bin der evangelische Diplomtheologe und Religionslehrer, der im Buch Christian König heißt. Ich habe alles, was ich diesem Lehrer zugeschrieben habe, in der Realität exakt so erlebt und nur zum Schutz von Individualrechten leicht verfremdet. Wer dabei war, wird es ohne Probleme wiedererkennen. In Del stecken mehrere Personen.

Ich habe tatsächlich lange mit mir gerungen, ob ich dieses Buch, an dem ich lange gesessen habe, in einer Demokratie veröffentlichen soll, da ich mich dadurch vielleicht zur Zielscheibe von Extremisten mache. In einer so wirren Zeit wie der unseren, in der nichts wichtiger zu sein scheint, als alles Alte und Bewährte nicht etwa erst zu prüfen und nur gegebenenfalls zu verbessern oder zu verändern[29], sondern alles sinnlos zu zerstören, um auf den Trümmern etwas angeblich Besseres zu errichten, egal wie blöde das Neue sein mag, sollte man sich vielleicht nicht zu weit vorwagen.

Ich hätte nie geglaubt, dass ich mir im Jahre 2020 in der Bundesrepublik Deutschland einmal solche Gedanken machen müsste, um nicht Opfer ganz verschiedener Richtungen des teils offen kriminellen Extremismus‘ zu werden, nur weil ich mir als 50 Jahre alter weißer Mann, Christ und Demokrat die Freiheit nehme, anderes zu meinen als Andere. Ich hätte mir nicht vorstellen können, dass jemals wieder in freien Ländern das Denken von radikalen laut brüllenden Minderheiten absolut schwarzweiß und damit falsch und primitiv in „ausschließlich richtig“ und „abgrundtief falsch“ unterteilt, und so wie in Schweden, in Demokratien Bücher umgeschrieben und verbrannt werden würden, wie die älteren Ausgaben von Astrid Lindgren, nur weil sie nicht mehr als Zeugnisse ihrer Zeit betrachtet werden dürften, sondern „gereinigt“ werden müssten. Das ist Diktatur, und ich hatte gehofft, deren Rückkehr nicht

29 1. Thessalonicher 5,21

erleben zu müssen. Ebenso wenig wie George Orwells Neusprechverordnungen und Gedankenkontrolle. Ich habe mich immer dafür ausgesprochen und werde mich weiter dafür aussprechen, dass ich Gendersternchen-Neusprech nicht anstelle meiner Muttersprache Deutsch werde sprechen müssen. Wenn man mich dazu zwingen sollte, das Stottersternchen mit einer Sprechpause gefolgt von ‚innen' zu schreiben und zu sprechen, werde ich stattdessen Spaßgenderneusprech sprechen, also immer nach *innen „und *außen" anfügen.

Ich hätte mir niemals vorstellen können, dass ich jemals gut überlegen müsste, was ich öffentlich sage oder schreibe. Vor Jahren brachte mir die einfache Äußerung, dass ich als Lehrer meinen Schülern nicht vorschreibe, ob sie Fleisch essen oder nicht, innerhalb zweier Tage über 1000 Morddrohungen bei Facebook ein, obwohl ich selbst gar keinen Facebookaccount hatte und habe. Tagelang wurden meine Familie und ich von Wildfremden drangsaliert, nachts aus dem Schlaf geklingelt und am Telefon beschimpft, die Polizei fuhr um unser Haus Streife und bewachte es, da es Drohungen gab, es anzuzünden. Zu guter Letzt sollte ich meine Stelle in meinem geliebten Beruf als Lehrer verlieren. Allein wegen der freien Entscheidung, nicht vegan zu leben. Von diesen intoleranten Menschen habe ich vieles gelernt, was ich auch an tausende Menschen, darunter viele tolerante Veganer, weitergeben konnte und weiterhin weitergeben werde, nämlich: Keinen Fußbreit der Intoleranz nachzugeben! Niemals, egal in welchem Kostüm sie sich verkleidet!

Das System „Gedankenkontrolle" ist aus früheren Diktaturen bekannt, Faschisten und Kommunisten handelten exakt ebenso, und immer missbrauchten sie die Begeisterungsfähigkeit der Jugend, der man besonders leicht vermitteln kann, dass das Denken in Grautönen Verrat an irgendeiner tatsächlichen oder angeblichen „guten Sache" ist. Aber nichts Gutes verdient es, mit Mitteln der Diktatur und des Verbrechens vertreten zu werden. Die allgemeinen Menschenrechte müssen für mich als Christ über allem stehen. Wer so unglaublich schnell alles, aber auch wirklich alles ändern will wie die heutigen Bessermenschen, der will

Kontrolle, der will nicht Fragen beantworten und seine Meinung belegen müssen, der will recht haben und Revolution machen. Dem muss man entgegentreten.

Ich schreibe nicht nur in diesem Buch mit Sicherheit manches, was nicht dem heutigen Zeitgeist entspricht und fordere dabei nur eines, für mich als Demokrat Selbstverständliches: Toleranz, wie ich sie der Meinung der Extremisten auch selbst grundsätzlich entgegenbringe. Wer nicht fähig und bereit ist, tolerant zu sein, wird von mir immer Widerspruch erfahren. Er wird sich ärgern, und mich wird es inzwischen freuen, dass er oder sie sich ärgert.

Deshalb steht ein Pseudonym auf dem Titel, frei nach einigen meiner Vorfahren. Ich selbst heiße anders:

Christoph Kaiser.

Ich weiß nicht, ob ich wieder Morddrohungen erhalten werde oder wieder jemand, den es stört, dass ich anders denke als er oder sie, versuchen wird, mich im Sinne der Cancel Culture aus dem Beruf zu drängen, wie so viele andere Konservative auch. Aber ich werde es ertragen, solange die Gewalt nicht physisch wird. Ich werde mir den freien Gedanken nicht verbieten lassen und mich keiner Diktatur beugen, auch nicht der der angeblich besseren Menschen.

Ich hoffe, dass ich nicht mit meinen schlimmsten Befürchtungen recht habe, beziehe es aber in das mit ein, was ich inzwischen für möglich halte. Ich fürchte, ich werde meinen Begriff von Diktatur einfach erweitern müssen auf die Diktatur derjenigen, die sich selbst für das Maß aller Dinge halten, weil sie ‚gut' als ‚so wie meine Meinung' definieren, ohne Diskussion, ohne das Recht auf Gegenrede. Und ich hoffe, dass die Diktatur niemals wieder siegen wird. Auch diese nicht. Meinen Teil dazu werde ich tun. Das mag pathetisch klingen, aber die Reaktionen der Mehrzahl derjenigen, die für mich das Buch probegelesen haben, bestärken mich in dieser Furcht und Annahme. Ich werde weiterhin allen meinen Schülern und auch Ihnen als Lektüre dringend ans Herz legen:

George Orwell: 1984; George Orwell: Farm der Tiere;

Aldous Huxley: Schöne neue Welt; Ray Bradbury: Fahrenheit 451;

William Golding: Herr der Fliegen.

Und: Die Bibel (Luther-, Einheits-, Zürcher oder Elberfelder Übersetzung; aber keinesfalls die sogenannte ‚Bibel' in ‚gerechter' Sprache, da sie in meinen Augen eine u.a. sexistische zeitgeistige fehlerhafte Uminterpretation des Wortes Gottes ist. Aber entscheiden Sie das selbst in aller Freiheit. Ich empfehle ja nur, maße mir aber nicht an, zu befehlen. Auch nicht meinen Schülern. Aber ich empfange auch keine Befehle. Schon gar nicht von fremden Privatleuten.)

Christoph Kaiser

Nichts wird rechts und links mich kränken
Folg ich kühn dem raschen Flug.
Wollte jemand anders denken
Ist der Weg ja breit genug.

Johann Wolfgang von Goethe
aus: Zahme Xenien, sechstes Buch

Man erzählt eine Lüge lange genug, wiederholt sie, wiederholt sie, wiederholt sie – und sie gilt als Allgemeinwissen.

Joe Biden im Wahlkampf 2020 über Donald Trump

(Nach:
Wenn man eine große Lüge erzählt und sie oft genug wiederholt, dann werden die Leute sie am Ende glauben.

Josef Goebbels zugeschrieben

Eigentlich in seinem Tagebuch am 29.01.1942: Ich kann wieder sehr viel lernen; vor allem, dass das Volk meistens viel primitiver ist, als wir uns das vorstellen. Das Wesen der Propaganda ist deshalb die Einfachheit und die Wiederholung.)

Eigentlich von Goebbels verbrecherischem Lehrmeister Hitler in „Mein Kampf"
Aber alle Genialität der Aufmachung der Propaganda wird zu keinem Erfolg führen, wenn nicht ein fundamentaler Grundsatz immer gleich scharf berücksichtigt wird. Sie hat sich auf wenig zu beschränken und dieses ewig zu wiederholen.)

Erschreckend, wie viele auch Linke und Menschen der Mitte, leider auch Journalisten, Medienleute und Lehrer, heute den Verbrechern Hitler und Goebbels inhaltlich folgen, ohne es zu ahnen oder wissen zu wollen.

Und jetzt eine Art Widmung; hier müssen alle anderen Biedenköpfer stark sein, denn auch wenn ich selbst nie Mitglied war, sind die mir doch am nächsten, es muss sein:

Owwerstärra, Owwerstärra

Hoi! Hoi! Hoi!

Owwerstärra, Owwerstärra

Hoi! Hoi! Hoi!

Owwerstärra, Owwerstärra

Hoi! Hoi! Hoi!

<u>Steine des Biedenköpfer Grenzgangs</u>

<u>1. Tag</u>

Der amtlich erste Stein, der aber keine Rolle spielt, an der Treppe zum Kleeberg

Los geht's! Da Waald es inser!

Der absolute Anfang, das Beste gleich zuerst: Der Kleebergaufstieg. Solche Anstrengungen unternimmt man nur aus einem guten Grund.

MO
I
B K
1777

NO
Z
B

NO
3
BK
1777

Mit Stein Nr. 4 ist der Kleebergaufstieg geschafft.

5
B K
1777

N6

B K
1777
No 7

Eine der alten Landmarken aus der Zeit vor der Besteinung.

8
B K

No
9
B K

NO
10
BK

B K

Ein im 18. oder frühen19. Jahrhundert erneuerter Stein.

Manchmal sind alte Grenzsteine auch neue Vermessungspunkte.

Ist der Ersatz eines alten Steines notwendig, wird der neue bewusst nicht auf alt getrimmt, sondern als neuer Ersatzstein deutlich gekennzeichnet.

Einer der Gründe, warum für mich der erste Tag die schönste Strecke bietet, trotz des Kleebergs.

15
BK
1777

16
BK

Die Gedenksteine der Herren von Breidenbach in Höhe von Stein Nr. 17. Ganz offensichtlich grenzt Biedenkopf hier an den Breidenbacher Grund.

Bei den Grenzsteinen ist nicht nur die Vorderseite wichtig, sondern auch die Oberseite: Wer hier nicht aufpasst, verlässt die Grenze.

NO
19
B K

No
20
B K

Ein unfassbarer Anblick: Eine Eiche hatte 2020 Stein 21 exakt so getroffen, dass noch nicht einmal einer der Markierungspfähle umgefallen war. Und der Stein hatte standgehalten.

Unbesiegt!

NO
22
B K

O
N
Z3
B K

Stein Nr. 1 der Blumenhutsgrenze liegt mitten auf der Kreuzung. Außerhalb des Grenzganges ist er fast nie zu sehen. Die Blumenhutsgrenze führt über Biedenköpfer Gebiet und trennt den Stadtwald von den Gebieten, die zur Bewirtschaftung Engelbach und Dexbach zustanden.

Die Blumenhutssteine sind auffallend kleiner.

4

5

No
6

7

Auf der Skipiste auf der Sackpfeife fehlt außerhalb des Grenzganges Stein Nr. 8 der Blumenhutsgrenze, damit er nicht unter dem Schnee zur Stolperfalle für die Sportler wird.

Tatsächlich handelt es sich Stein Nr. 9.

Der Pfeil zeigt an, dass der eigentlich Grenzpunkt in dieser Entfernung mitten auf dem Weg liegt.

Ein solcher leuchtend oranger Plastikgrenzpunkt.

Die Blumenhutsgrenze folgt exakt dem Wegverlauf. Hier geht man buchstäblich die Grenze ab.

Zu unterschiedlichen Zeiten wurden die Steine offensichtlich unterschiedlich gezählt. Heute stimmt die Nr. 18 wieder.

Steine, die direkt auf dem Weg liegen, verschwinden oft in den Jahren zwischen den Grenzgängen regelrecht im Boden.

Diesen Stein der Blumenhutsgrenze berührt wohl kaum ein Grenzgänger. Er markiert eine Ecke in der Grenze und steht mitten im Wald. Er müsste die Nummer 40 tragen.

Tatsächlich trägt aber Stein Nr. 41 diese Nummer.

Dafür fehlt die Nummer 41. Dieser Stein ist wieder richtig nummeriert.

Der letzte Stein des ersten Tages.

2. Tag

Der erste Stein des 2. Tages am Weg nach Dexbach, Nr. 44 der Blumenhutsgrenze

45

Eigentlich Stein Nr. 49.

S4

Die echte Nr. 59.

Der Stein auf dem Frühstücksplatz des 2. Tages, ...

... auf dem der Mohr und die Wettläufer huppchen.

Huppchen:

Der Stein, die Grenze, in Ewigkeit!

Und der Mohr verteilt sein Glück, er macht schwarz!

Biedenköpfer Farbe des Glücks!

Unter die Fahne gehen.

Auch wenn es gefährlich aussieht, es kommt kaum mal jemand...

...also, bisher sollen es alle überlebt haben.

Unsere Männer und Burschen haben Übung, sind kräftig, trainiert und geschickt.

Der letzte Stein der Blumenhutsgrenze.

Zurück auf der Stadtgrenze.

Die Grenze nach Eckelshausen ist nochmal besonders, da hier eine kleine Strecke im Zickzack gesondert ausgesteint ist, mit eigener Binnenzählung.

D

Stein Nr. 154 der Grenze, aber zugleich...

... Stein Nr. 2 der Sondergrenze nach Eckelshausen.

(s. die 2 knapp über dem Boden)

3

4

Erstaunlicherweise ist die Nummer 5 der Sonderzählung zwischen Biedenkopf und Eckelshausen zweimal vertreten, einmal als eigener Stein und einmal auf der Rückseite von Stein Nr. 153 der regulären Grenze noch einmal.

Tatsächlich läuft die Sonderzählung in entgegengesetzter Richtung zur durchgängigen Grenzzählung, was diesen Abschnitt sehr unübersichtlich macht. Offensichtlich sollte hier doppelt abgesichert werden.

In der Tat übersehen die meisten Grenzgänger diese kleinen Steine, die auch zum Teil weit ab vom Wege stehen.

NO
153
BK
1777

Siehe die 5 knapp über dem Boden.

NO
155
B K
1777

Der letzte Stein des 2. Tages.

3. Tag

Da am dritten Tag der Grenzgang wieder von Ludwigshütte aus auf die Grenze geht, wird sie an diesem Tag entgegen der Zählung abgegangen. Deshalb beginnt die Zählung der Steine hier mit der Nr. 272, dem Stein mit der heute beim Grenzgang höchsten Nummer. Stein Nr. 273 soll auf einem Firmengelände noch vorhanden sein. Das wäre dann der historische Schlussstein.

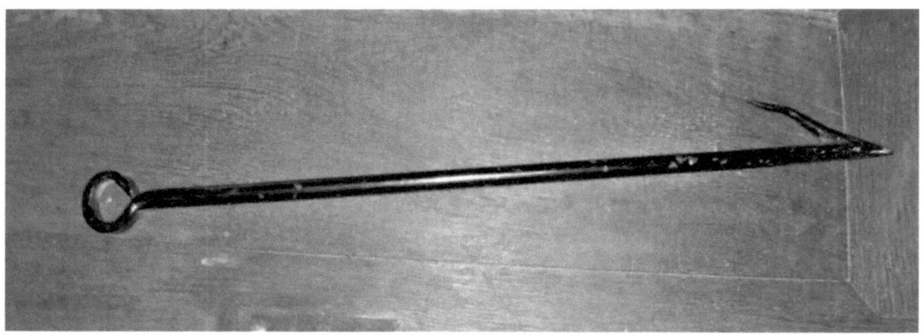

Haazipper (Heuzieher)

Z7Z
B K
1777

GB

NO
271
BK
1777

Die Begrüßung der Grenzgänger zum Abschluss des Aufstieges am 3. Tag.

NO
Z40
B K
1777

N O
172
B K
1777

Dieser alte Felsen bei Stein Nr. 172 dürfte als Kennzeichnung der Grenze der Vorläufer des Steines von 1777 sein. Er wird bis heute für Nachrichten genutzt.

2019 auf dem Frühstücksplatz des dritten Tages. Irgendwo hier warteten die sechs verhinderten Tortenwerfer auf den Mohren.

Grenzgangsbesuch aus Wollmar.

Ein Wettläufer in bewunderter Aktion.

Was immer einem Grenzstein geschieht: Er wird repariert oder ersetzt.

Der Beginn des letzten Abstieges.

Der Hang von oben mit tausenden von Menschen.

Man beachte die Seile an den Seiten, die den Abstieg sichern.

In der Mitte Stein Nr. 158.

Der Stein mitten im Abhang.

Endspurt!

Das Ziel!

Bis in sieben Jahren in Biedenkopf!

Auch das Deutsche Rote Kreuz grüßt.

Die alte Grenze

Eingeweihte kennen in den Wäldern auch noch die Standorte anderer Zeitzeugen und Naturdenkmäler.

Die Pyramide von Biedenkopf auf der Sackpfeife, die leider in den letzten Jahren stark beschädigt wurde. So wurde die noch um 2012 fast intakte Treppe inzwischen praktisch vollständig zerstört. Auf der Pyramide stand seit vor 1861 die erste Hütte, noch vor dem Kaiser-Wilhelm-Turm auf Hatzfelder Gebiet.

(s. auch Thomas Böhle, Auf Biedenkopfer Spuren, S. 144)

Und hiermit allen Menschen guten Willens, die es schaffen, in ihrem Herzen tolerant zu sein und sich nicht selbst für den wichtigsten Menschen im alleinigen Besitz der vollkommenen Wahrheit zu halten, ganz herzliche Einladung zu unserem wundervollen Fest mit all unseren Bürgerinnen, Bürgern, Gästen und Freunden!

2026

2033

2040

2047

2054

usw.

Der Stein!

Die Grenze!

In Ewigkeit!

Theaterstücke von Christoph Kaiser:

Die Herren von Schloss Katzenbach:
Ein Geisterstück, basierend auf Geister? Geister! Geister???
ISBN 9789463864213

Dreimal ein Phönix; Über den dritten Stadtbrand Biedenkopfs 1717
ISBN 9789463860246
mit den Bildern der Aufführung ISBN 9789463866422

Geister? Geister! Geister??? Ein Geisterstück über einen Schlosskauf
ISBN 9789463860307

Die drei Schwerter; Eine Zeitreise in neun Szenen
ISBN 9789463860529

Einakter und Szenen aus Hessen; Kurze Theaterstücke meist aus dem hessischen Hinterland ISBN 9789463861892

Stille, in die Regen fällt; eine kurze Szene über das eigene Paradies.
ISBN 9789463862745

Selavinia oder Zwei Orte, eine Zeit: ein Theaterstück über Gerechtigkeit und Unrecht, Reichtum und Armut; über die zeitgleichen Welten auf dem Planeten Erde; und über Beziehungen und verpasste Chancen. ISBN 9789403604138

1631: Ein Stück über den Prozess gegen die Biedenköpfer Hexe Henrich Sangen ISBN 9789463863018 und
ISBN 9789463987356 (mit Bildern aus dem Film)

Klamauk, Klamauk! Über das Theater, Kultur und das, was man sagen darf. Mit einem unveröffentlichten Einakter von August von Kotzebue.
ISBN 9789463980142

Weitere Bücher von Christoph Kaiser

Bauerntracht in Wandel und Beharrung; Über die Tracht im Untergericht des Breidenbacher Grundes
Diplomica-Verlag 2013 ISBN 9783958508095

Tracht als veränderliche Kleidung, beschrieben anhand der Trachten des Hessischen Hinterlandes, insbesondere der Tracht des Untergerichts des Breidenbacher Grundes. Landkreis
Dabei ist nicht alles, was Marburg - Biedenkopf
Grin-Verlag 2008 ISBN 9783640188574

Dreimal ein Phönix, Erzählung: basierend auf dem Theaterstück zum dritten Stadtbrand Biedenkopfs 1717
ISBN 9789463864527

Die Herren von Schloss Katzenbach, Erzählung: basierend auf dem gleichnamigen Theaterstück.
ISBN 9789463866446

Der Umgang des öffentlich-rechtlichen Fernsehens in Deutschland mit esoterischen Inhalten. Studienarbeit
Grin-Verlag 1998 ISBN 9783640215522

Hinterländer Haiku: 30 Gedichte in je drei Zeilen.
ISBN 9789463982214

Hinterländer Winterhaiku; 32 Gedichte in je drei Zeilen über den Winter um Biedenkopf
ISBN 9789463980746

Frühlingshaiku aus dem Hinterland: 33 Haiku über die Landschaft rings um Biedenkopf, das Osterfest und das Erwachen des Lebens.
ISBN 9789463987455

Sommerliche Hinterlandhaiku
ISBN 9789403601076

Herbsthaiku aus dem hessischen Hinterland
ISBN 9789403609911

Der vierte König Bogomil; Eine Erzählung über den vierten König, der das Jesuskind suchte. ISBN 9789463982436

Bogomil the fourth king; A tale about the fourth king searching for the newborn child. According to an old Russian story.
ISBN 9789403610375

1631 Erzählung: Über den Tod der Biedenköpfer Hexe Henrich Sangen, nach der Originalakte ISBN 9789463982733

Werde ich ein Schmetterling sein? Maja und der Tod.
Wie redet man mit einem Kind über den Tod?
ISBN 9789463986076 (Taschenbuch)
ISBN 9789463984379 (gebunden)

Lass uns doch Suraten wommeln, umbimte das Taruppel; ein Sprachspiel und -spaßbuch für Kinder und Erwachsene
ISBN 9789403600864

Sammelsurium; Texte, für die sonst nirgendwo Platz war. Unmodern!
ISBN 9789403610351

Sammelsurium 2; gebrochen, zerbrochen, geheilt.
ISBN 9789403621524

Alle Bücher erhältlich im Buchhandel und unter
publish.bookmundo.de/christophkaiser